Erich Läufer
Kleine Leute im Neuen Testament

topos taschenbücher, Band 713

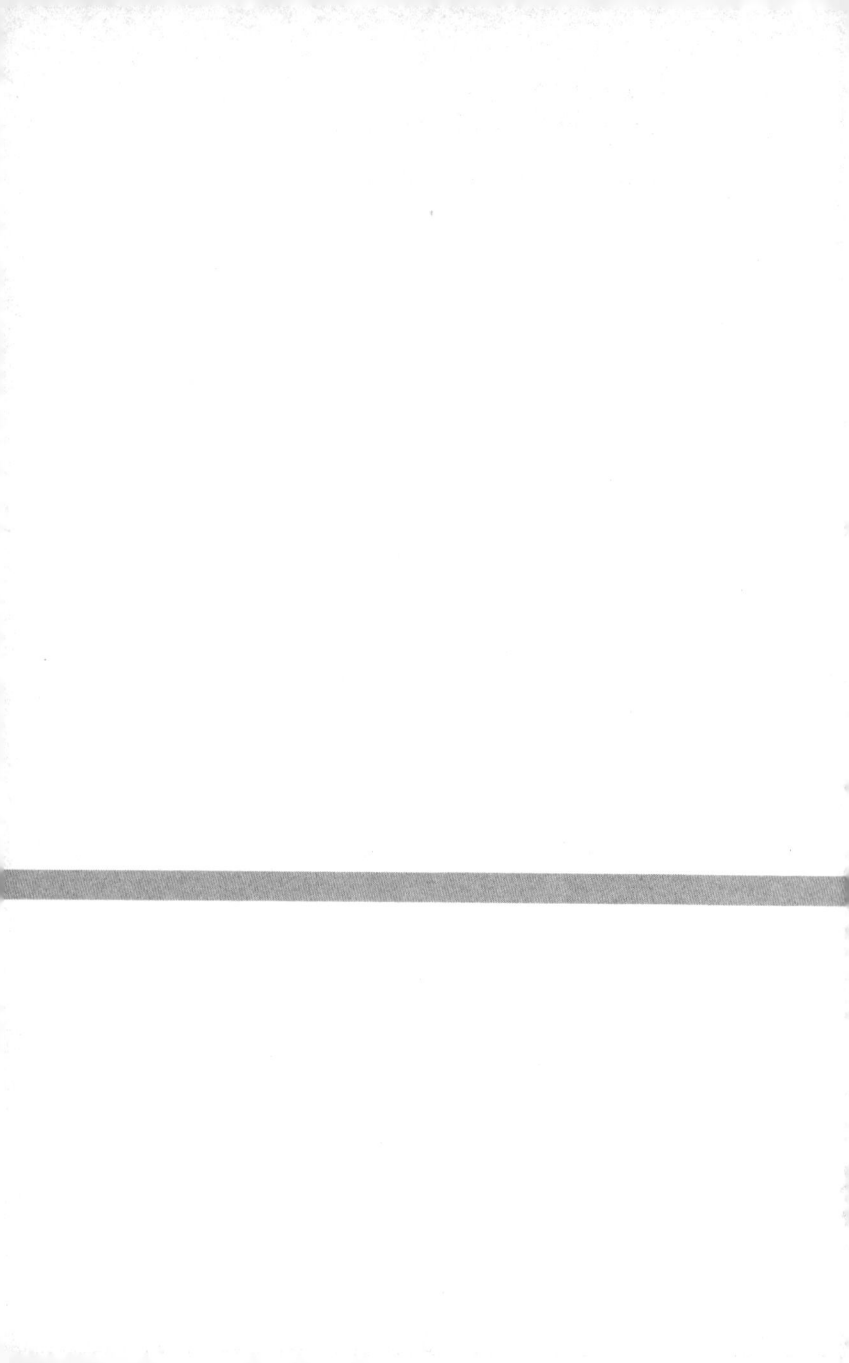

Erich Läufer

Kleine Leute im Neuen Testament

topos taschenbücher

Verlagsgemeinschaft topos plus
Butzon & Bercker, Kevelaer
Don Bosco, München
Echter, Würzburg
Lahn-Verlag, Kevelaer
Matthias-Grünewald-Verlag, Ostfildern
Paulusverlag, Freiburg (Schweiz)
Friedrich Pustet, Regensburg
Tyrolia, Innsbruck

Bibliografische Information der Deutschen Nationalbibliothek
Die Deutsche Nationalbibliothek verzeichnet diese Publikation in der
Deutschen Nationalbibliografie; detaillierte bibliografische Daten
sind im Internet über http://dnb.d-nb.de abrufbar.

2010 Verlagsgemeinschaft **topos** plus, Kevelaer
2. Auflage
Das © und die inhaltliche Verantwortung liegen beim
Verlag Butzon & Bercker, Kevelaer

Kein Teil des Werkes darf in irgendeiner Form ohne schriftliche
Genehmigung des Verlages reproduziert, vervielfältigt oder
verbreitet werden.

Einband- und Reihengestaltung | Finken & Bumiller, Stuttgart
Alle Zeichnungen | Erich Läufer
Satz | Aalexx Druck GmbH | Großburgwedel
Herstellung | Pustet | Regensburg
Printed in Germany

Topos ISBN: 978-3-8367-0713-8
www.toposplus.de

Vorwort

Als kleiner Junge bekam ich ein Buch geschenkt, das mich ungemein fesselte. Es erzählte die Geschichte von dem Knaben mit den fünf Gerstenbroten und den zwei Fischen: Die große Menschenmenge, die Jesus in die Einöde gefolgt ist, verspürt Hunger. Nirgendwo gibt es Brot zu kaufen. Andreas, der Bruder des Petrus, hat längst schon ein Auge auf die noch prall gefüllte Tasche des Jungen geworfen. Und dann macht Jesus aus dem, was der kleine Bursche von zu Hause für sich mitgenommen hat, auf wunderbare Weise Nahrung für die vielen Tausend.

Nur Johannes hält diesen Jungen für so wichtig, daß er ihn eigens in seinem Evangelium erwähnt. Damit hat er dem kleinen Kerl einen sichtbaren Platz in der überlieferten Geschichte Gottes mit den Menschen eingeräumt. Diese Erzählung vermag auch Erwachsene sehr zu trösten. Sie verrät, daß ein jeder – und sei er noch so klein und unbedeutend – eine wichtige Rolle im Heilsgeschehen spielen kann. Auch mit kleinen Leuten hat Gott Großes vor.

Kleine Leute – das sind jene, die stets am Rand der großen Geschichte angesiedelt sind. Es sind Männer und Frauen, die – wie die meisten von uns – keine Hauptrolle zu spielen haben. Aber auch in den Nebenrollen wirkt der Gott der Geschichte und er treibt auch mit Randfiguren seinen Plan voran. Es gibt eine ganze Reihe solcher kleinen Leute in der Bibel, nicht nur den Jungen mit dem vollen Rucksack (Joh 6,9) oder jenen anderen jungen Mann, der Augenzeuge der Gefangennahme Jesu wird, bei der erstbesten Gelegenheit Fersengeld gibt und nackt in die Dunkelheit flieht (Mk 14, 51). Über sie wird kaum geschrieben. Sie stehen im Schatten der bedeutenderen Gestalten wie Petrus oder Paulus.

„Kleine Leute" gelten in den Augen der Welt nicht viel. In der Kirche aber sollte es ein Ehrenname sein. Auf einige dieser kleinen Leute aus dem Neuen Testament möchte dieses Buch aufmerksam machen, auf Menschen wie Sie und ich, die wir keine Heiligen und wichtigen Kirchenführer oder richtungweisende Theologen sind. Neben der Freude am Bibellesen möchten diese Erzählungen auch die Augen dafür öffnen, daß der Weg durch die Geschichte oft genug auch ein Weg mit Ungereimtheiten und Schwächen ist, ein Weg mit Frauen und Männern, denen Gott die Freiheit gewährt, sich für oder gegen ihn zu entscheiden, Menschen, verstrickt in Bosheit und Unzulänglichkeit und dann wieder getrieben von Treue und Freundschaft. Oft unbekannt, vergessen und übersehen sind diese Gestalten lebendige Farbtupfer im Mosaik der Heilsgeschichte.

Inhalt

Tabita
Eine Tote wird auferweckt 9

Demetrius
Ein Silberschmied wiegelt die Menge auf 13

Rhode
Eine Pförtnerin läßt Petrus vor der Türe stehen 17

Äneas
Ein Gelähmter erfährt die Macht des Petrus 22

Phöbe
Eine Frau mit besten Empfehlungen 25

Eutychus
Ein Glückspilz fällt aus dem Fenster 29

Lydia
Eine Purpurhändlerin wird Europas erste Christin . . . 32

Krispus
Ein Synagogenvorsteher bekehrt sich zu Christus 36

Gallio
Ein Beamter enttäuscht den Pöbel 40

Sosthenes
Ein Synagogenvorsteher bekommt Prügel 44

Die Pythia von Philippi
Eine Magd wird geheilt 47

Simon Magus
Ein Zauberer will sein Geschäft vergrößern 50

Jason
Eine Gastfreundschaft wird bestraft 54

Onesimus
Ein Ausreißer als Kolossä 58

Der Kämmerer aus Äthiopien
Ein Minister wird am Straßenrand getauft 62

Simon von Zyrene
Ein unfreiwilliger Helfer beim Todesgang 65

Agabos
Ein Wahrsager mit schlimmen Nachrichten 69

Epaphras
Ein tüchtiger Gemeindeleiter. 73

Kornelius
Ein gottesfürchtiger Militärmann 76

Klaudius Lysias
Ein Tribun sorgt für Ordnung 80

Tertullus
Ein römischer Winkeladvokat 86

Antonius Felix
Ein Sklave wird Prokurator. 90

Elymas
Ein Magier verliert sein Gesicht 94

Dionysius, der Areopagit
Ein Ratsherr findet zu Paulus. 97

Priszilla und Aquila
Ein Ehepaar im Dienst des Paulus 102

Zachäus aus Jericho
Ein kleiner Mann, der nicht zu kurz kommt 108

Weiterführende und ergänzende Literatur 111

Tabita
Eine Tote wird auferweckt

Von den großen Luxushotels an der Strandpromenade in Tel Aviv gelangt man in einer Stunde Fußmarsch nach Jaffa. Heute ist es ein Vorort der modernen, riesigen Stadt, die in die sandige Dünenlandschaft hineingebaut wurde. Jaffa ist das alte biblische Joppe. Den Jerusalempilgern früherer Zeiten ist es als Schiffslandeplatz mit klippenreichem Hafen bekannt. Nichts, keine Ruinen erinnern mehr an jenen noch älteren Hafen, in dem einst der Prophet Jona das Schiff bestiegen haben soll, mit dem er vor dem Herrn fliehen wollte. Von der Stadt mit der bunt zusammengewürfelten Bevölkerung zur Zeit der Apostelgeschichte sind nur noch einige armselige Grundmauern übriggeblieben. Im ersten Krieg der Juden gegen die Römer (66–70 n. Chr.) ist die Stadt zerstört worden.

In ihr hatte sich schon früh eine christliche Gemeinde gebildet.

Eines Tages war große Trauer in Jaffa. Eine Frau war gestorben, die wir durchaus mit der heiligen Elisabeth vergleichen können. Ihr aramäischer Name „Tabita" macht deutlich, daß diese Frau zum israelitischen Volk gehörte. Lukas hält es aber für notwendig, ihren Namen auch in die damalige Weltsprache, ins Griechische, zu übersetzen: „Dorkas". Ins Deutsche übertragen bedeutet Tabita-Dorkas soviel wie „Gazelle", ein im Altertum recht geläufiger Mädchenname.

Tabita wird als „Jüngerin" bezeichnet. Nur ein einziges Mal, nur bei ihr, wird dieses Wort im Neuen Testament verwendet, obschon an vielen anderen Stellen von Frauen die Rede ist, die zur Christusgemeinde zählen. Wodurch und durch wen sie zur Jüngerin Christi wurde, wissen wir nicht. Die Apostelgeschichte gibt auch keine Auskunft darüber, ob sie Jungfrau war, verheiratet oder Witwe. Jedenfalls wird nicht berichtet, daß an ihrem Totenbett Familienangehörige stehen; wohl aber werden die vielen armen Leute erwähnt, die ihre Wohltätigkeit erfahren haben. Sie sind ins Trauerhaus gekommen.

Betroffen und erschüttert vom Tod der Tabita, hat die Gemeinde von Jaffa nach Petrus geschickt. Man weiß, daß er sich in der Scharonebene aufhält. Es hatte sich herumgesprochen, wie er im benachbarten Lydda, heute Lod, den gelähmten Äneas geheilt hatte. Was erwartet man von ihm? Trost, Anteilnahme, ein ehrenvolles Begräbnis?

Als Petrus ankommt, führt man ihn sofort ins Trauerhaus. Witwen und andere bedürftige, arme Frauen zeigen ihm weinend die Kleider, die Tabita selbst geschneidert und ihnen geschenkt hat. Es müssen wirklich die Allerärmsten gewesen sein, um die sich Tabita gekümmert hat, denn sie zeigen auf die Kleider, die sie anhaben, andere besitzen sie nicht. Deswegen rühmt man Tabita auch nach: „Sie war voll von guten Werken." Unter Tränen führen sie Petrus ins Obergemach, wo die Verstorbene, nachdem man den Leichnam nach jüdischer Sitte gewaschen hat, aufgebahrt liegt.

Gewöhnlich gelangte man über eine Außentreppe ins Obergemach eines Hauses. Hier konnte ein Windzug die frischere Meeresluft leichter in den Raum wehen. Die Erwähnung des Obergemachs läßt den Schluß zu, daß Tabita zu den vermögenden Leuten gehörte, denn die ärmere Bevölkerung bewohnte meistens nur Räume zu ebener Erde.

Die nächsten Augenblicke im Totengemach sind voller Dramatik. Petrus ist tief bestürzt vom Schmerz der Frauen. Vergessen sind die Mühen des langen Fußmarsches, vergessen der stundenlange Weg in Staub und Hitze. Er fällt auf die Knie – sonst betete man häufig stehend mit erhobenen Händen – und bittet Gott um das Leben dieser Frau, die die Verpflichtung zur Nächstenliebe so ernst genommen hat. Grundgütig hatte sie nicht nur ihr Vermögen, sondern auch ihre Zeit, ihre Begabung und Fingerfertigkeit in den Dienst der Bedürftigen gestellt. Solche Leute brauchte die junge Kirche. Sie waren die Vorbilder, die auf die Umgebung einladend und glaubwürdig wirkten.

Blick über das alte Jaffa, das im Neuen Testament Joppe genannt wird. Dort lebte einst die Jüngerin Tabita.

Petrus erbittet etwas von Gott, das über alle Menschenkräfte hinausgeht. Er wiederholt fast wortgetreu einen Satz, den Jesus in Kafarnaum bei der Totenerweckung vom Kind des Jaïrus gesprochen hatte: „Tabita kum – Tabita, steh auf!" Damals war Petrus nur Augenzeuge eines Wunders. Jetzt wird er selbst zum Wundertäter im Namen Gottes. Tabita schlägt die Augen auf und richtet sich auf. Sie lebt.

Die Schrift schweigt über die Reaktion der Menschen. Kein Wort vom ungeheuren Jubel, mit dem die Armen von Jaffa ihre, dem Leben zurückgegebene, Wohltäterin begrüßen, kein Hinweis auf Betroffenheit und Entsetzen. Das Wunder dieser Totenerweckung ist gleichsam das Siegel Gottes unter die Güte einer Frau, die ihrem Leben durch selbstlose Sorge für andere und durch Teilen des Wohlstandes mit Notleidenden einen Sinn zu geben wußte.

Es gibt einen alten, persischen Spruch:
„Als du einst das Licht der Welt begrüßt,
weintest du, es freuten sich die Deinen.
Leb so, daß, wenn dein Aug sich schließt,
du dich freust, die Menschen aber weinen!"
Tabita hat so gelebt. Lange Zeit hieß ein Stadtteil von Jaffa noch „Hareth et-Tabit", „Tabitviertel".

Lesehinweis: Den Bericht über die Erweckung der Tabita lesen Sie in der Apostelgeschichte (Apg 9,36–42).

Demetrius
Ein Silberschmied wiegelt die Menge auf

Wer auf Wallfahrt geht, kennt auch jene Andenkenläden und Buden, die den heiligen Orten den irdisch-menschlichen Rahmen verleihen. Das war auch in Ephesus so, dem großen antiken Wallfahrtsort in Kleinasien. Dort verehrte man die Artemis als Fruchtbarkeitsgöttin. Ihr überlebensgroßes Kultbild stand im weltberühmten Tempel. Der Monat Mai war der Artemis geweiht. Landschaft und Gärten waren erfüllt vom Duft der Blumen und Blüten. Von den Inseln, aus den Städten und dem Hinterland brachen die Menschen auf, um sich in Ephesus ein paar schöne Tage zu machen: Umzüge, Wettkämpfe, Prozessionen, Tänze und Unterhaltung. Alle verdienten an den Pilgern. Besonders gut ging das Geschäft der Silberschmiede. Sie stellten Votivgaben her und fertigten silberne Artemistempelchen als Wallfahrtsandenken.

Demetrius betreibt mit vielen anderen Zunftgenossen in der größten Stadt Kleinasiens das Kunsthandwerk eines Silberschmiedes. In seiner Werkstatt beschäftigt er Künstler und Handwerker, um die Andenken an das vom Himmel gefallene Bildnis der Göttin herzustellen. Die silbernen Tempelchen sind eigentlich eine Nachbildung der Kultfigur, hineingestellt in eine Nische oder architektonische Umrahmung. Als Paulus nach Ephesus kommt und die neue Lehre verkündigt, wird der reiche Großhändler Demetrius argwöhnisch. In der antiken Welt sagte man, „daß Brotfragen die Augen schärfen". Die Sorgen der Silberschmiede waren sicher nicht ganz grundlos. Wenn man bedenkt, daß durch den rastlosen Paulus eine Reihe von christlichen Gemeinden entstanden waren, konnte man sich ausrechnen, daß es eines Tages zu einem Rückgang der Wallfahrer in Ephesus kommen würde. Und das würden die Händler und Handwerker am Geldbeutel spüren.

Demetrius schlägt Alarm. Er mobilisiert nicht nur die Belegschaft der eigenen Werkstatt, sondern auch die übrigen Händler und Künstler. Tausende Menschen bringt er auf die Straße: Auftraggeber und Arbeiter, Steuerzahler und Mitläufer. Bei allen schürt Demetrius die Angst, daß die neue Religion Wirtschaftswachstum und Wohlstandsmehrung gefährden wird.

Immer schon konnte man Volksmassen zu hysterischen Reaktionen bringen, wenn man Empfindlichkeiten ausnutzte und Angst verbreitete. Demetrius ist ein raffinierter und beredter Wortführer bei diesem zwielichtigen Geschäft. Er braucht nur daran zu erinnern, wie auf Betreiben des Paulus kurz zuvor auf der Agora, dem säulenumstandenen Marktplatz, unter Absingen von Preisliedern auf Jesus, Zauberbücher und pergamentene Heilssprüche verbrannt worden waren. – In Ephesus kommt es zum Aufstand und zu Tumulten.

24 000 Menschen strömen ins Theater und verwandeln den Zuschauerraum in einen Hexenkessel. Demetrius hält eine demagogische Rede. In düsteren Farben malt er die kommende Katastrophe aus. Sein bitterer Haß bezeugt die großen Erfolge des Völkerapostels. Demetrius versteht es aber glänzend, das Ansehen der Göttin mit dem der Stadt und den Patriotismus mit dem Geschäft zu verbinden. Die aufgebrachte Menge tobt und ist nicht mehr zu halten. Der wilde Völkerhaufen stampft mit den Füßen. Zwei Stunden lang gellt ihr Ruf über die Ränge: „Groß ist die Artemis von Ephesus." Die weißen Marmorstatuen von Göttern und Göttinnen, von Heroen und Kaisern blicken stumm auf die rasende Menge. Keinem Argument ist sie mehr zugänglich. Immer wieder peitschen Sprechchöre und rhythmische Rufe die Masse auf. Das Gebrüll wird zum Orkan: „Groß ist die Artemis von Ephesus!" Demetrius ist der Lage nicht mehr gewachsen.

Oben auf der Bühne fürchten Aristarch und Gaius, die beiden Freunde des Paulus, die man gefangengenommen hat, bleich und zitternd um ihr Leben. – Antisemitische Ausschreitungen waren damals nicht selten. – Ungehört verhallt ihr Versuch, der Menge eine Erklärung zu geben. Im Theater geht es drunter und drüber. Dem Pöbel ist keiner gewachsen. Demetrius, der durch seine Haß- und Hetztiraden alles ausgelöst hat, ist untergetaucht.

Der städtische Beamte von Ephesus, als Stadtkanzler oder Stadtsekretär für Ruhe und Ordnung zuständig, ist ein Mann, der von Menschenkenntnis und Menschenführung etwas versteht. Er läßt den wildgewordenen Haufen toben und lärmen, bis die Schreier physisch am Ende sind. Die aufgeputschte Leidenschaft der Menge bricht sich an der Nüchternheit und Ruhe des Beamten. Er ergreift das Wort und warnt vor überstürzten Handlungen. Dann verweist er auf den Rechtsweg: Das Ansehen der berühmten Stadt soll nicht durch Lynchjustiz besudelt werden. Der Aufstand verpufft.

Vor dem Volkszorn kommen Paulus und seine Begleiter noch einmal davon. Der Tumult veranlaßt sie, früher als geplant aufzubrechen und die Stadt zu verlassen. Demetrius hat gewonnen und sein Ziel erreicht. Es werden auch

Eine Münze aus Ephesus mit der Darstellung des Tempels und der Göttin Artemis. Diese Münzen waren zur Zeit der Missionsreisen des Paulus im ganzen Mittelmeerraum in Umlauf.

weiterhin mit silbernen Tempelchen und Artemisfigürchen Geschäfte gemacht. Dennoch hat seine Ahnung nicht getrogen. Das Heiligtum der Artemis zerfällt, aus der üppigen und steinreichen Hafenstadt wird schließlich eine menschenleere Trümmerlandschaft. Später werden Archäologen aus dem schwarzen Boden einige Artemisfiguren heben. Wo einst im Theater Demetrius seine flammende Rede hielt und stundenlang die Menge tobte, zirpen im Halbrund der Ruinen Grillen und Zikaden.

Lesehinweis: Den Bericht über den Aufruhr der Silberschmiede lesen Sie in der Apostelgeschichte (Apg 19,21–40).

Rhode
Eine Pförtnerin läßt Petrus vor der Türe stehen

Versetzen wir uns in die Lage des Petrus: Herodes hat ihn ins Gefängnis werfen lassen. Nach den Paschafesttagen will er ihn in einem Schauprozeß vorführen. Herodes Agrippa, ein Enkel Herodes des Großen, sucht dem Volk zu gefallen, will vor allem die Gunst der mächtigen Familie des Annas gewinnen. Jakobus, der Bruder des Johannes, ist schon hingerichtet worden. Und nun liegt Petrus in Ketten. Er wird streng bewacht und scheint verloren. Doch dann ist plötzlich bei dem Gefangenen im Kerker eine helle Lichtgestalt, die Ketten fallen ab, das eiserne Gefängnistor springt von allein auf, und der Engel begleitet Petrus auf die menschenleere, nächtliche Straße.

Als Petrus bewußt wird, was geschehen ist, durchzuckt ihn der Gedanke: „Wohin? Wo ist Sicherheit vor den Häschern?" Hinter ihm liegt der Kerker. – Man vermutet, daß sich sein Gefängnis im Palast des Königs befand, der, von Mauern und Türmen umgeben, in der Nähe des heutigen Jaffatores stand. Von hier aus waren es nur wenige Schritte durch die dunklen Gassen zum Haus der Maria, der Mutter des Johannes Markus. Vieles spricht dafür, daß sich dort die Jerusalemer Gemeinde versammelte, eine Art Zentrum hatte.

Petrus eilt dorthin und klopft an. – Die Türklopfer, kleine hammerähnliche Gebilde, waren von außen an den Holztoren angebracht. In der Regel verursachten sie einen solchen Lärm, daß selbst Schlafende davon geweckt wurden. – Im Haus der Maria aber denkt niemand an Schlaf. Die Gemeindemitglieder haben sich hier versammelt, um für den verhafteten Petrus zu beten. Der Apostel wird unnötigen Lärm vermieden haben, und so hört nur die Magd Rhode, daß da jemand mitten in der Nacht um Einlaß bittet.

Lukas berichtet ausführlich von dieser Begebenheit. Seine Informationen scheint er aus erster Hand erhalten zu haben, denn er notiert viele Einzelheiten. Er erwähnt sogar den Namen der Pförtnerin. Das ist ungewöhnlich: Wenn in der Antike von einem Ereignis berichtet wurde, blieben Sklaven, Hausangestellte und Diener meistens namenlos. Hier aber kennen wir den Namen der Magd, die für einen Augenblick ins helle Licht der Geschichte tritt. In der griechischen Mythologie ist der Name „Rhode" sehr geläufig. Bekannter ist er bei uns in der lateinischen Form: „Rosa". Rhode, das bedeutet: „Rosenstock, Rosenstrauß, Rose".

Rhode versieht ihren Dienst in einem vornehmen Haus. Die Stellung einer Magd als Pförtnerin und das erwähnte Außentor lassen auf ein geräumiges Anwesen schließen. Der Dienst an der Tür ist wichtig, vielleicht sogar lebenswichtig. Und dafür braucht man vertrauensvolle und zuverlässige Dienerinnen oder Diener. Es wird nicht ausdrücklich erwähnt, daß Rhode zur Christengemeinschaft gehört. Aber es ist gut vorstellbar, daß auch sie sich wie ihre Herrschaft zum Glauben an den Auferstandenen bekennt. Die neue Religion hat zwar das Sklaventum nicht abgeschafft, aber im Namen Jesu gibt es keinen Unterschied mehr zwischen Freien und Sklaven, Herren und Dienern. In der Gemeinde schwinden diese sonst so verletzenden Gegensätze.

Das tüchtige Mädchen hört also das Klopfen und geht zur Tür. Geistesgegenwärtig öffnet sie aber nicht sofort, sondern horcht zunächst einmal, wer draußen steht. Petrus nennt seinen Namen. Was dann geschieht, ist außerordentlich lebensnah erzählt, und die Beteiligten reagieren sehr menschlich. Rhode erkennt Petrus an der Stimme. Im Haus ist er also gut bekannt.

Außer sich vor Freude vergißt sie, das Tor zu öffnen. Sie läßt Petrus draußen stehen. Atemlos stürzt sie in die Gebetsversammlung mit der aufregenden Neuigkeit: „Petrus ist frei! Er steht draußen vor dem Tor!" Niemand will ihr glauben. Das gibt es nicht. Man nimmt an, draußen stehe sein

Die Ruinen des ehemaligen Königspalastes in Jerusalem. Vielleicht befand sich in dessen Mauern das Verlies, in dem Petrus eingekerkert war.

Engel, und der habe geklopft. – Dieser Einwand der Leute verstärkt die Gewißheit, daß man in der frühen Urkirche einen ungebrochenen Glauben an den persönlichen Schutzengel eines jeden Menschen hatte.

Aber Rhode kann sich auf ihr Gehör und auf ihr Herz verlassen. Sie ist weder leichtgläubig noch wundersüchtig. Sie besteht auf dem, was sie gehört hat. Sie eilt zum Tor zurück und öffnet Petrus. Der Jubel im Haus kennt keine Grenzen. Lukas verwendet einen Ausdruck, der in der Bibel häufig vorkommt: „Sie gerieten außer sich". Wer konnte auch mit einer solchen Wendung zum Guten rechnen! Nun weiß man: Gottes Macht ist größer als staatliche Gewalt. Gott steht auf seiten der jungen Kirche!

Petrus muß sich im allgemeinen Freudentaumel zuerst Ruhe verschaffen, um den wunderbaren Hergang zu erzählen. Er wünscht, daß dem Jakobus, Bischof von Jerusalem, Herrenbruder und Verwandter Jesu, die überraschende Befreiung mitgeteilt wird. Dann verläßt er noch in der gleichen Nacht das Haus, um sich an einem anderen Ort in Sicherheit zu bringen. (Der Kirchenschriftsteller Eusebius aus Cäsarea gibt in seiner „Chronik" eine alte Überlieferung wieder, nach der Petrus in den ersten Jahren der Herrschaft des Kaisers Klaudius (41–54) nach Rom gereist sei.)

Die Magd schließt das Tor hinter ihm. Nach dem Bericht über die denkwürdigen Vorgänge in dieser Nacht wird die treue Rhode nie mehr in der Bibel genannt. Sie ist ein kleiner Mosaikstein im Bild der frühen Kirche. Die Erinnerung an sie verbindet sich mit einem Wort des Propheten Joël (3,2): „Auch über Knechte und Mägde werde ich meinen Geist ausgießen in jenen Tagen."

Lesehinweis: Den Bericht über die Magd Rhode und deren Begegnung mit Petrus lesen Sie in der Apostelgeschichte (Apg 12,1–17).

Herodes Agrippa I., Enkel Herodes' des Großen, zuletzt selbst König von Judäa und Samaria (41–44), wütet gegen die Führer der jungen Kirche. Er läßt Jakobus enthaupten und Petrus ins Gefängnis werfen.
Eine unter ihm geprägte Münze zeigt auf der Vorderseite den Kopf des römischen Kaisers Klaudius. Auf der Rückseite gut zu lesen „Agrippa" und die Darstellung einer heidnischen Tempelszene, wahrscheinlich aus dem Marnionheiligtum in Gaza.

Äneas
Ein Gelähmter erfährt die Macht des Petrus

Es gibt Menschen, die daran Anstoß nehmen, daß der Papst häufig den Vatikanstaat verläßt und auf Reisen geht. Ihr Hauptargument ist: Früher hat es das auch nicht gegeben! Wirklich nicht? Die Apostelgeschichte berichtet beispielsweise von einer regelrechten Rundreise des ersten Papstes. Petrus besuchte damals Christengemeinden im jüdischen Gebiet. Sein Unternehmen war eine regelrechte Pastoral- und Visitationsreise; er war nicht zu Missionszwecken unterwegs. Die Gemeinde von Jerusalem scheint eher eine gewisse Oberaufsicht geführt zu haben, und die nimmt Petrus wahr. Seine Rundreise führt ihn auch nach Lydda. Der Ort, an dem heute Düsenflugzeuge über den größten israelischen Flughafen donnern und die meisten Pilger zum erstenmal den Boden des Heiligen Landes betreten, trägt wieder den alten biblischen Namen: Lod oder Ludd.

Lydda oder Lod liegt ungefähr 40 Kilometer nordwestlich von Jerusalem in der fruchtbaren Scharonebene. Diese Küstenlandschaft erstreckt sich von Jaffa bis zu den Ausläufern des Karmelgebirges und gehörte zur Provinz Judäa. Mehrere Handelsstraßen kreuzten sich in Lydda. Der kleine Ort war in seiner Bedeutung mit einer heutigen Kreisstadt vergleichbar.

In Lydda ist es wie auch anderswo: in den Straßen und Gassen begegnet man immer wieder Bettlern und Krüppeln. Daß gebrechliche Menschen von ihren Angehörigen oft an Straßenkreuzungen und zu öffentlichen Plätzen gebracht werden, gehört zum Bild des gewöhnlichen Alltags. Durch Betteln sollen sie sich ihren Lebensunterhalt selbst verdienen. Besonders mit denen, die von Geburt an behindert sind, verfährt man so. Denjenigen, die am Rand der Gesellschaft als Kranke und Bettler leben, bleibt in ihrer mißlichen Lage oft nichts anderes übrig, als auf die Almosen der anderen zu hoffen. Entsprechend eingeschränkt sind auch ihre Hoffnungen.

Der Blick des Petrus fällt auf Äneas. Dieser Mann trägt einen berühmten Namen. Äneas, so hieß auch der trojanische Held, von dessen Nachkommen angeblich Rom gegründet sein soll. Doch der Äneas von Lydda ist ein bedauernswerter Mensch. Seit acht Jahren ist er gelähmt. Ohne fremde Hilfe kann er keinen Schritt mehr tun. Auf seiner Strohmatte haben ihn die Verwandten in den Schatten einer Hauswand getragen und hingelegt.

Äneas – der Name läßt vermuten, daß der Gelähmte aus einer heidnischen Familie stammt. Die Städte in der Nähe der Küste wurden damals in der Regel von nichtjüdischer Bevölkerung bewohnt. Nur Jaffa bildete darin eine Ausnahme.

Wie hat Petrus diesen Mann angeredet? In aramäischer Sprache oder in Griechisch? Wörtlich und ganz genau hat der Verfasser der Apostelgeschichte jenen Satz aufgeschrieben, mit dem Petrus den kranken und lahmen Äneas heilt: „Äneas, Jesus Christus macht dich gesund. Steh auf und mach dein Bett selbst!" Welch ein Wort!

Petrus hält sich in Lod auf, um von dem Ort, wo er Äneas heilte, nach Jaffa zu gehen. Eine alte Münze aus dieser Gegend zeigt ein Kriegsschiff, dessen mächtiger Bug als Rammbock benutzt werden konnte. Solche Münzen aus Jaffa und Umgebung warf man den Bettlern in die hingehaltenen Hände.

In der Antike war es üblich, den Namen einer wichtigen Person bei Beschwörungen, insbesondere bei Heilungen, zu nennen. Denn der Name der Person drückt ihr Wesen aus; in ihm ist ihre Macht gegenwärtig. Petrus weiß: es gibt kein anderes Heilmittel und keinen anderen Arzt für die kranke Menschheit, deren Symbol Äneas ist, als Christus. Die Heilsmacht Jesu erstreckt sich auf alle, ob Juden oder Heiden. Sie bezieht sich auch auf den Leib. In das Heilswirken Jesu wird er durch das Wunder des Petrus unübersehbar miteinbezogen.

Äneas hat von Petrus mehr als ein Almosen erhalten. Die Kunde von der Heilung des gelähmten Mannes verbreitet sich rasch wie ein Lauffeuer in der ganzen Gegend. Vielleicht übertreibt Lukas ein bißchen, wenn er schreibt, daß sich auf dieses Wunder hin „alle" Bewohner von Lod und der Scharonebene bekehrten. Aber die geschilderte Reaktion unterstreicht zusätzlich den Erfolg des Wunders.

Namen müssen nicht Schall und Rauch sein. Sie können Wesentliches zur Sprache bringen. Äneas aus Lydda: dieser Name bezeugt, daß diejenigen, die es mit Gott zu tun bekommen – auch wenn sie zu den sogenannten kleinen Leuten gehören –, nicht mit einem Trostpflaster abgefertigt werden.

Lesehinweis: Den Bericht von der wunderbaren Heilung des Äneas lesen Sie in der Apostelgeschichte (Apg 9, 32–35).

Phöbe
Eine Frau mit besten Empfehlungen

Ein Empfehlungsschreiben ist, wenn man auf große Reise geht, immer eine gute Sache. Noch größer ist seine Wirkung, wenn es auf amtlichem Papier geschrieben und mit eindrucksvollen Stempeln und Siegeln versehen ist. Phöbe, die einen Brief des Paulus nach Rom überbrachte, konnte sich auf eine solche Empfehlung berufen. Paulus stellte sie einer Frau aus, die in der frühen Kirche eine führende Rolle gespielt haben muß. Hätte er ihr sonst, wie allgemein angenommen wird, den wichtigen Brief an die Römer anvertraut? Weil sie den Weg des Völkerapostels kreuzte, ist sie nicht in Vergessenheit geraten.

Der Name „Phöbe" ist in der Antike recht geläufig. Er bedeutet soviel wie „rein, licht, sonnenklar" – „die Glänzende". Der griechische Name läßt den Schluß zu, daß wir es mit einer Heidenchristin zu tun haben. Paulus empfiehlt sie der römischen Gemeinde, die er bald darauf besuchen will, indem er für die Überbringerin des Briefes drei Titel anführt: Schwester, Diakonin, Beistand. Und damit beginnen für uns die Schwierigkeiten. Wer war Phöbe und was waren das für Ämter oder Dienste, die sie ausübte? Wie übersetzt man die griechischen Ausdrücke des Paulus korrekt in unsere Sprache? Das richtige Verständnis dieser Titel wirft ein bezeichnendes Licht auf Phöbe.

„Schwester" und „Bruder" nannte man in der Urkirche all jene, die zur Gottesfamilie gehörten. Schwester und Bruder – das läßt noch etwas von der Herzlichkeit ahnen, mit der man in den überschaubaren Gemeinden einander zugetan war. Phöbe gehörte zur Gemeinde von Kenchreä. Kenchreä war der östliche Hafen der Großstadt Korinth und lag am Saronischen Golf. Hier stapelte man Waren aus dem Morgen- und Abendland und zog die Schiffe auf Rollen über Land zum anderen Hafen Korinths, Lechaion. Die

Pläne, durch die schmale Landzunge einen Kanal zu bauen, wurden erst viel später verwirklicht.

Paulus nennt die Frau, die sich auf die Reise zum fernen Rom macht, „Diakonos". In den meisten Übersetzungen, auch in der Einheitsübersetzung der Heiligen Schrift, wird „Diakonos" mit „Dienerin" übersetzt. War Phöbe das Haupt einer Hausgemeinde in Kenchreä? Das war keine leichte Aufgabe. Vom benachbarten Korinth drang das zügellose Leben bis in die Hafenorte. Zudem wurden in Kenchreä in Tempeln und Heiligtümern Poseidon, Aphrodite und Isis verehrt – nicht nur für Seeleute eine stetige Versuchung, die alten Schutzgottheiten anzubeten.

Es sieht so aus, als habe Phöbe tatsächlich so etwas wie ein kirchliches Amt verwaltet, denn Paulus betont nachdrücklich: „... die überdies eine Dienerin der Gemeinde ist". Das Wort „überdies" ist bedeutsam. Paulus erkennt dieser Frau den gleichen Titel zu wie den charismatischen Predigern und Missionaren im Korintherbrief. Origenes bemerkt schon zu dieser Stelle im Römerbrief: „Sie lehrt mit apostolischer Autorität, daß auch Frauen im Dienst der Kirche angestellt waren." Ob allerdings die Übersetzung „Diakonisse" oder „Diakonin" glücklich und treffend ist, kann bezweifelt werden. Das griechische Hauptwort „Diakon", das Paulus verwendet, bezeichnete sowohl Männer als auch Frauen, die irgendwelche Dienste zum Wohl der anderen zu verrichten hatten: das konnte mit einem Amt verbunden sein, konnte aber auch jede brüderliche und schwesterliche Tätigkeit für die Armen ausdrücken.

Die meisten Schwierigkeiten macht der Titel „prostatis". Nur an dieser Stelle kommt dieses Wort im Neuen Testament vor. Viele Übersetzer drücken es mit „Aufseherin", „Beistand" oder „Helferin" aus. Andere helfen sich damit, daß sie den unklaren Titel mit einer Tätigkeit umschreiben und beschreiben: „sie hat vielen geholfen". In der antiken Welt war es häufig so, daß einflußreiche Bürger den Schutz und auch die rechtliche Vertretung von Armen oder Zugewanderten übernahmen. Wenn das auf Phöbe zutrifft, darf man sogar annehmen, daß sie aus einer wohlhabenden Familie stammte und eine finanziell unabhängige Frau war. Im Hafenort Kenchreä war die Zahl der Heimatlosen und Schutzbedürftigen sicher groß. Paulus zögert nicht, die hochgeachtete Frau und große Wohltäterin mit dem Titel „prostatis" der Gemeinde in Rom zu empfehlen. Er fordert die römischen Glaubensgenossen auf, Phöbe so aufzunehmen, wie es sich für eine so bewährte Mitarbeiterin geziemt. In der apostolischen frühen Kirche sind jedenfalls Frauen und Männer als Mitarbeiter tätig gewesen.

Auf dem Ölberg in Jerusalem wurde 1903 bei Ausgrabungen eine Grabinschrift aus dem sechsten Jahrhundert gefunden: „Hier ruht die Dienerin und Braut Christi, die Diakonin Sophia, die zweite Phöbe, entschlafen in Frieden." Für die Hinterbliebenen galt es damals noch als höchstes

Phöbe, eine Mitarbeiterin in der jungen Kirche, ist mit einem wichtigen Brief unterwegs nach Rom zur dortigen Gemeinde. Ein Obelisk, den Kaiser Nero in seinem Zirkus errichten ließ, erinnert an die Leiden, die die Christen in der Hauptstadt des Römischen Reiches erdulden mußten.

Lob, das man der Verstorbenen aussprechen konnte, sie eine zweite Phöbe zu nennen. Phöbe steht vor uns als eine Frau, die ganz in ihrer Zeit und deren Formen wirkt, durchdrungen vom Bewußtsein, in der Kirche eine wichtige Rolle zu übernehmen. Liturgie, Legende und Kunst haben diese Frau vergessen, obwohl sie mehr als nur eine Randfigur war.

Lesehinweis: Den kurzen Hinweis auf die „Schwester Phöbe" lesen Sie im Brief an die Römer (Röm 16,1–2).

Eutychus
Ein Glückspilz fällt aus dem Fenster

Wer hat nicht schon einmal über lange Predigten gestöhnt? Und wem ist es nicht schon einmal passiert, daß er während einer Predigt eingenickt ist? Gäbe es einen Patron der Predigthörer, müßte unter jeder Kanzel oder am Ambo die Figur jenes jungen Mannes angebracht werden, dessen Namen uns der Verfasser der Apostelgeschichte überliefert hat.

Lukas schildert einen Vorfall, der den siebentägigen Aufenthalt des Paulus in Troas abschließt. Die Christen hatten damals schon die Gewohnheit, sich am ersten Tag der Woche (dem Tag nach dem jüdischen Sabbat, dem heutigen Sonntag) in Erinnerung an die Auferstehung des Herrn zu versammeln und das Brot zu brechen. Da nach jüdischer Auffassung der Tag mit dem vorausgehenden Abend begann, konnte Paulus die Eucharistie mit einer langen Predigt verbinden, bis um Mitternacht der Herrentag anbrach. Für absehbare Zeit sollte es das letzte Mal sein, daß Paulus hier sprechen würde, denn er wollte fort. Über den Versammelten lag Abschiedsstimmung. Und er hatte den Leuten noch so viel zu sagen ...

Es ist Abend. Die Sonne ist leuchtend rot hinter der Insel Tenedos untergegangen. Frauen und Männer eilen zu einem großen bürgerlichen Haus. Über Außentreppen gelangen sie ins Obergemach, einen kleinen Saal. – Lukas, er ist Augenzeuge, beschreibt die Szene genau, fast wie ein Reiseprotokoll. – Die Fensterläden stehen in der hereinbrechenden warmen Nacht weit offen, um die kühle Meeresluft ungehindert eindringen zu lassen. Viele Öllämpchen hängen von der Decke herunter und erleuchten den Raum. Die Fenstervorhänge wehen im Nachtwind.

Paulus spricht lange und ausführlich. Die Zeit vergeht, es wird Mitternacht. Der Raum ist zum Bersten voll. Von überall her sind die Zuhörer gekommen. Ein junger Mann hat nur noch auf der Fensterbank Platz gefunden. Als Paulus schon Stunden predigt, beginnt er mit dem Schlaf zu kämpfen. Vielleicht ist er müde vom weiten Weg, hat ihn das konzentrierte Zuhören überanstrengt oder die verräucherte, heiße Luft der Öllampen schläfrig gemacht. Die Anwesenden bemerken sein Einschlafen nicht. Plötzlich ein gellender Schrei: Er ist zusammengezuckt und drei Stockwerke tief aufs Hofpflaster gestürzt. Alle lassen Predigt Predigt sein und laufen in den Innenhof. Aber dem Verunglückten ist scheinbar nicht mehr zu helfen. Er ist tot. Regungslos starren alle auf Paulus.

Wie einst Elia in Sarepta (1 Kön 17,21) und Elisäus in Sunam (2 Kön 4,34) wirft dieser sich über den regungslosen Körper. Er umarmt den Toten. Den verstört Dabeistehenden verbietet er die beginnende Totenklage und das Gejammere. Er weiß, Gott wird durch ihn ein Wunder wirken. „Beunruhigt euch nicht! Sein Leben ist in ihm!" ruft er. Ja, der junge Mann lebt und steht wieder auf.

Den Namen des Predigthörers, der auf diese wundersame Weise gerettet wird, sollte man sich merken: „Eutychus" – „der Glückliche". Müßte man nicht treffender sagen: „der Glückspilz"? Nicht jeder, der bei einer Predigt einschläft, hat soviel Glück. Allerdings fällt er meistens auch nicht stockwerktief. – Paulus läßt sich übrigens nicht als Heiler oder Held feiern, sondern kehrt, als sei nichts geschehen, mit den anderen in den Saal zurück. Daß Eutychus, der Glückspilz, wieder lebt, tröstet die versammelte Gemeinde ungemein. Paulus feiert mit ihr die Eucharistie: „Er brach das Brot und aß mit ihnen." Es ist eine Erinnerungsfeier an den Auferstandenen, die niemand je vergessen wird. An Schlaf ist nicht mehr zu denken. Im vertrauten Gespräch bleibt man beisammen, bis der Morgen anbricht.

Es ist der Abschiedstag. In der hellen Dämmerung kommt das Schiff, das die Freunde des Paulus nach Assos bringen soll. Paulus selbst will zu Fuß, ungefähr 40 Kilometer, den Landweg zur schönen Hafenstadt gegenüber der Insel Lesbos nehmen. Warum? Wir wissen es nicht. Eine alte Handschrift merkt an, daß der junge Eutychus beim Abschied gesund und wohlbehalten zugegen war.

Lesehinweis: Den Bericht über die aufregenden Vorgänge von Troas lesen Sie in der Apostelgeschichte (Apg 20,7–12).

In der Frühzeit des Christentums versammelten sich die Gemeinden in den geräumigen Wohnungen und Privathäusern. Das Haus, in dem sich der Fenstersturz von Troas abspielte, mag ausgesehen haben wie auf dieser Zeichnung.

Lydia
Eine Purpurhändlerin wird Europas erste Christin

Wenn bei einem Quiz die Frage gestellt würde: „Wer war der erste Christ Europas?", dann müßten sicher viele passen. Die Antwort: „Es war gar kein Christ – es war eine Christin, Lydia aus Philippi." Die Apostelgeschichte schildert anschaulich, wie Paulus aufgrund eines Traumgesichtes die Reiseroute ändert und in Mazedonien zum erstenmal seinen Fuß auf den Boden Europas setzt. Von hier war Alexander ausgezogen, um ein Weltreich zu erobern. Jetzt betritt Paulus dieses Land, um es für Christus zu gewinnen.

Wie Tagebuchaufzeichnungen lesen sich die Schilderungen des Lukas: Sie halten die denkwürdigen Ereignisse in Philippi fest, wo eine Frau, von Gottes Wort ergriffen, um die Taufe bittet.

Philippi war eine alte Bergwerksstadt. Berühmt war sie aber nicht wegen des Goldes, das hier gefördert wurde, sondern durch die Entscheidungsschlacht im Jahre 42 vor Christi Geburt, in der Oktavian und Antonius die Mörder Cäsars, Brutus und Cassius, besiegten. Durch das Wort des Ermordeten: „Bei Philippi sehen wir uns wieder", ist die Stadt sprichwörtlich geworden. In der Zeit des Neuen Testamentes wohnen in der römischen Provinzstadt viele Veteranen. Auch einige Juden haben sich, angelockt durch gute Handelsbeziehungen, dort niedergelassen.

Ihre Kolonie scheint aber nicht besonders groß gewesen zu sein. Wahrscheinlich reichte es nicht einmal zum Bau einer Synagoge, denn Paulus muß sich am Sabbat zum Ufer des Gangites begeben, wo sich am kleinen Fluß eine offene Gebetsstätte befand. Nichts Außergewöhnliches, weil man wegen der rituellen Waschungen mit Vorliebe zum Bibellesen und Beten die Nähe des Wassers suchte. Paulus hofft hier Zuhörer für seine Predigt zu finden. Die Betenden sind ausnahmslos Frauen. Niemand muß daran Anstoß nehmen, denn sie gelten in den Gemeinden als gute und treue Mitglieder. Jetzt interessieren sie sich für den fremden Prediger. Besucher sind ja selten genug hier.

Unter den Frauen ist auch Lydia, eine wohlhabende Purpurhändlerin. Die tüchtige und wohlangesehene Frau stammt aus Thyatira, einem Ort in Lydien, wo die Purpurindustrie besonders blüht. Sie nutzt die Beziehungen zur Heimat, um in Philippi Handel zu treiben. Purpur ist teure Luxusware, deren Import nach Europa ein gutes Geschäft verspricht. Vielleicht bezeichnet „Lydia" nur ihren Beina-

Vom antiken Philippi ist wenig geblieben. Durch das Stadttor, von dem nur noch Überreste stehen, führte einst der Weg hinab zum Fluß Gangites, wo Paulus die betenden Frauen, unter ihnen auch Lydia, fand.

men „die Lydische", um sie nach der Heimat zu benennen. Ihr eigentlicher Name ist unbekannt.

Als „Gottesfürchtige" stellt Lukas sie vor. Also ist Lydia keine Jüdin, vielmehr Heidin aus Philippi, die sich für die jüdische Religion interessiert, sie kennengelernt hat und die Gemeinde unterstützt. Es ist denkbar, daß sie den letzten Schritt, den Übertritt zum Judentum noch gescheut hat, weil damit bestimmte rigorose Einschränkungen für ihr Leben als Geschäftsfrau verbunden gewesen wären. Als Konvertitin hätte sie in ihrem aufwendigen Haus alle jüdischen Reinheitsgesetze halten müssen.

Lydia hört Paulus besonders aufmerksam zu. Von ihm erfährt sie, daß der Messias Jesus auch ihr, der heidnischen Frau, die Möglichkeit gibt, zum Volk Gottes zu gehören. Auch ohne besondere gesellschaftliche Auflagen und befremdliche Riten. Ihre Bekehrung wird als Werk Gottes beschrieben: „Der Herr öffnete ihr das Herz." Der Bekehrung folgt alsbald die Taufe, mit der sie bekennt, daß Christus der Herr ist und Gott ihn von den Toten auferweckte. Mit Lydia schließen sich auch die Angestellten und Diener ihres Hauses dem neuen Glauben an.

Lydias Villa wird zum Stützpunkt der Mission in Philippi. Zunächst zögert Paulus, das großzügige Angebot anzunehmen. Er ist es gewohnt, auf Luxus und Komfort zu verzichten. Aber das Anwesen der tüchtigen Frau mit säulenumstandenem Atrium und gedeckter Wandelhalle ist ein idealer Versammlungsplatz für die wachsende Gemeinde. Und Lydia ist hartnäckig genug, Paulus so lange zu bedrängen, bis er die Einladung annimmt. Schon der weitgereiste Geschichtsschreiber Herodot, der im 5. Jh. v. Chr. lebte, rühmt die Gastfreundschaft der Lydier. Die Gemeinde von Philippi wächst Paulus ans Herz. Zeitlebens bewahrt er ihr Zuneigung und Sympathie.

In Europa wurde das Samenkorn des Evangeliums zuerst in die Herzen von Frauen gesenkt. Mit Lydia aus Philippi erinnern wir uns an eine Frau, deren Suchen nach Wahrheit und deren ernstes Streben nach Gott mit dem Geschenk des Glaubens belohnt wurde. Das unverdiente Glück wollte sie nicht für sich behalten und wurde nun auf ihre persönliche Weise zur Mitarbeiterin im Reich Gottes. Der erste Christ Europas: eine Frau! Weder weltfremd noch bigott, auch nicht im Leben zu kurz gekommen, widerspricht sie dem Zerrbild frömmelnder Frauen, wie es die Karikatur vorzeigt. Ihr tiefer Wirklichkeitssinn, Gottesfurcht und geistige Regsamkeit erhielten Lydia den Blick für die Notwendigkeiten des Lebens. Lydia wird sonst im Neuen Testament nicht mehr genannt. Aber in der Apostelgeschichte ist dieser vorbildlichen Frau ein unvergängliches Denkmal gesetzt.

Lesehinweis: Den Bericht über die Begegnung des Paulus mit Lydia lesen Sie in der Apostelgeschichte (Apg 16,11–15).

Krispus
Ein Synagogenvorsteher bekehrt sich zu Christus

Bei Ausgrabungen in Korinth fand man in einem Marmorblock eingemeißelt eine Inschrift vom Eingangsportal einer Synagoge aus dem 1. Jahrhundert nach Christus: „Synagoge der Hebräer". Vielleicht war diese Synagoge die Vorgängerin jenes Bethauses, dessen Vorsteher Krispus war. Paulus meldete sich in der korinthischen Synagoge am Sabbat zu Wort.

An den großen Überlandstraßen des römischen Weltreiches gab es fast überall in den bedeutenden Städten jüdische Gemeinden. Korinth hatte eine reiche jüdische Kolonie, deren Mitglieder vorwiegend im Handel und Handwerk tätig waren. Die Gemeinde, durch Zuzug aus Rom noch gewachsen, mußte für den Bau und den Unterhalt der Synagoge aufkommen, wenn nicht jemand, wie zum Beispiel der Hauptmann in Kafarnaum, ihnen diese Last abnahm.

Krispus war in Korinth Synagogenvorsteher. Die Gemeinde hatte ihn für dieses Amt bestimmt und bezahlte für diese Dienste. Als Vorsteher sorgte er dafür, daß der wöchentliche Gottesdienst am Sabbat würdig abgehalten wurde. Er achtete darauf, daß die Teilnehmer das Glaubensbekenntnis an der richtigen Stelle sprachen und auch das Achtzehner-Gebet nicht vergessen wurde. Es war ein Gebet für verschiedene Anliegen. Zu seinen Aufgaben gehörte auch die Verteilung der Lesungen aus dem Gesetz und aus den Prophetenbüchern. Danach erteilte der Vorsteher einem dazu befähigten Juden das Recht, eine Ansprache zu halten und die Schrift auszulegen.

In Korinth sprachen die Juden griechisch. Lesung und Ansprache durften in dieser Umgangssprache gehalten werden. Seit mehr als zweitausend Jahren benutzte man in der jüdischen Diaspora die Septuaginta, die griechische Übersetzung der Heiligen Schrift.

Es entspricht ganz dem Programm des Paulus, wenn er bei seinen Reisen zunächst die Juden in ihren Synagogen aufsucht. Krispus wird sich gefreut haben, dem Paulus Rederecht für den Gottesdienst zu erteilen, denn es geschah in der Diaspora nicht oft, daß ausgebildete Schriftgelehrte zu Gast waren. Und von Paulus hatte man ja schon allerlei gehört. Paulus konnte seinerseits damit rechnen, daß man ihm mit gespannter Aufmerksamkeit zuhören würde. Was er dann allerdings vorträgt, muß den Juden unerwartet und überraschend vorkommen: Der Messias ist geboren; er hat in Galiläa gewirkt und ebenso in Judäa, ohne daß ein erhofftes irdisches Reich ausgerufen worden ist. Und dann spricht Paulus noch von dessen Kreuzigung und der Auferstehung des Hingerichteten.

Es kommt zu Tumulten und heftigen Diskussionen. Krispus hat alle Hände voll zu tun, den geregelten Ablauf des Gottesdienstes weiter aufrechtzuerhalten. Die Lage spitzt sich zu: Auf die krasse Ablehnung der paulinischen Botschaft

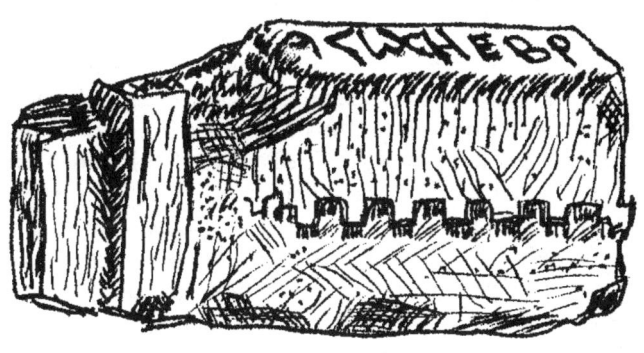

„Synagoge der Hebräer" steht auf einem Marmorbrocken eingemeißelt. Er stammt aus dem 1. Jh. n. Chr. und war vielleicht der Türsturz am Eingang einer Synagoge in Korinth.

folgt die ebenso heftige Reaktion des Apostels. Krispus wird Augen- und Ohrenzeuge, wie Paulus in einer dramatischen Geste den Staub aus seinen Kleidern schüttelt und der Versammlung entgegenschleudert: „Euer Blut komme über euer Haupt. Ich trage keine Schuld." Als Synagogenvorsteher weiß er, was das bedeutet: Geste und Wort stammen aus dem jüdischen Sakralrecht und besiegeln den totalen Bruch in einer wichtigen, Leben und Tod bestimmenden Frage. Krispus muß handeln. Er schließt Paulus, der die Juden öffentlich verwünscht hat, aus der Synagoge aus und erteilt ihm Hausverbot. Paulus wird die Synagoge von Korinth nicht mehr betreten.

Aber Paulus gibt nicht auf. Er findet rasch andere Räume, in denen er predigen und verkünden kann. Unmittelbar an die Synagoge grenzt das Haus des „gottesfürchtigen" Titus Justus. Die Bezeichnung „gottesfürchtig" weist ihn als Sympathisanten der Juden aus. Paulus muß auf ihn solchen Eindruck gemacht haben, daß er ihm sein geräumiges Haus zur Verfügung stellt. Der innere Säulenhof wird neuer Versammlungsort, wo mit großem Schwung und innerer Beteiligung gebetet und gesungen wird. Die jüdische Gemeinde hat sich verschlossen, und so werden die heidnischen Sympathisanten zum tragenden Kreis einer neuen Gemeinde.

Und Krispus? Er sieht, daß mancher aus seiner Synagoge unsicher geworden ist und ins Haus des Titus Justus geht. Auch er kann die gewaltige Predigt des Paulus nicht vergessen. Sie hat ihn und seine Familie so betroffen gemacht, daß man immer wieder neu über das Gehörte und das Vorgefallene diskutiert. Schließlich macht sich der Synagogenvorsteher auf und bittet Paulus um die Taufe. Ein unerhörter Schritt! Paulus macht eine Ausnahme von seiner Gewohnheit, das Taufen den Mitarbeitern zu überlassen. Er selbst tauft Krispus und sein ganzes Haus. Das ist ein Fanal und ein Zeichen! Kommende Konflikte sind programmiert, denn die Spaltung der jüdischen Gemeinde in Korinth ist vollzogen. Damals ging ein geflügeltes Wort um die Welt:

„Nicht jedermanns Sache ist es, nach Korinth zu reisen." Paulus hat durch die Bekehrung des Krispus ein weiteres Samenkorn des Evangeliums in den Boden der Weltstadt gelegt.

Lesehinweis: Den Bericht über die Taufe des Krispus lesen Sie in der Apostelgeschichte (Apg 18,4–11) und im ersten Brief an die Korinther (1 Kor 1,14).

Gallio
Ein Beamter enttäuscht den Pöbel

Leider wissen wir nicht über alle Stationen und Abschnitte im Leben des Völkerapostels Paulus Bescheid. Zu groß sind die Lücken in den historischen Quellen. Doch hin und wieder gelingt es, die Lebensdaten einer Person dingfest zu machen. Dabei ist jedoch immer zu beachten, daß es weder zur Zeit Jesu noch im alten Orient oder in der frühen Kirche Kalender gab, die sich mit den unsrigen vergleichen lassen.

Gallio, den Namen eines Prokonsuls in Achaia, erwähnt Lukas in der Apostelgeschichte. Was diesen Gallio angeht, stehen die Wißbegierigen seit dem Jahr 1905 nicht mehr mit leeren Händen da. Damals rekonstruierte der französische Archäologe und Historiker E. Bourguet eine in Delphi gefundene Inschrift. Die Archäologen im Trümmerfeld des ehemaligen Tempelbezirks hatten wenig Zeit, den berühmten Blick vom Orakelheiligtum über den schönsten Ölbaumwald Griechenlands bis weit hinunter zum Ufer des Meeres zu genießen, wo sich das Blau des Himmels mit dem des Wassers verbindet. Sie hielten ihre Augen am Boden, bei Steinen und Trümmern, wo sie schließlich den aufsehenerregenden Fund machten: Unter Fachleuten heißen die Steinfragmente „Gallio-Inschrift". In der sechsten Zeile nennt Kaiser Klaudius den Empfänger des Briefes: „Gallio, mein Freund und Prokonsul von Achaia". Das ist genau der Titel und die Amtsbezeichnung, die auch Lukas notiert, als er von der Anklage der Juden gegen Paulus vor Gallio berichtet. Läßt sich klären, zu welcher Zeit Gallio Prokonsul war, weiß man auch, wann Paulus sich in Korinth, wo die Szene der Apostelgeschichte spielt, aufhielt.

Der Name „Gallio" ist keltischen Ursprungs und hängt wahrscheinlich mit „Gallus" zusammen. Gallio wurde im Jahr 3 v. Chr. im spanischen Cordoba geboren. Ursprünglich

In den Trümmern des Tempelbezirks von Delphi fanden Archäologen am Anfang des 20. Jahrhunderts eine Steininschrift, die den in der Apostelgeschichte erwähnten Gallio als Prokonsul von Achaia ausweist.

hieß er Marcus Annaeus Novatus. Nachdem er vom Rhetor L. Junius Gallio adoptiert worden war, nannte er sich fortan Junius Annaeus Gallio. Seine beiden Brüder waren Seneca, Philosoph und Erzieher Neros, und Marcus Annaeus Mela, Geograph und späterer Vater des Dichters Lucanus. Die drei Brüder fanden ein tragisches Ende. Als sich Seneca im Jahre 65 n. Chr. wegen der Verschwörung des Piso gegen den Kaiser verantworten mußte, zwang Nero seinen früheren Erzieher zum Selbstmord. Auch die beiden Brüder mußten sich den Tod geben.

Von Gallio ist bekannt, daß er ein rechtlich denkender Mann war. Schon früh hat er die Beamtenlaufbahn eingeschlagen. Rasch bekleidet er den Rang eines Prätors. Er wird Konsul und im Jahr 65 sogar Senator. Lukas erwähnt ihn als Prokonsul von Achaia. Seit dem Jahr 146 v. Chr. ist Achaia römische Provinz. Zur Zeit der frühen Kirche umfaßt sie das heutige Griechenland. Unter Kaiser Tiberius werden die Provinzen Achaia und Mazedonien der kaiserlichen Verwaltung unterstellt. Als Kaiser Klaudius sie dann dem Senat zurückgibt, bestellt er einen Prokonsul, der in Korinth residiert.

Gallio berichtet dem Kaiser über Unruhen. Dessen Antwort aus Rom ist die berühmte Inschrift. Anfangs macht die Datierung Schwierigkeiten. Im Brief des Kaisers wird als festes Datum der Jahrestag der 26. Proklamation des Herrschers zum Imperator genannt. Viele Historiker setzen für dieses Ereignis die erste Hälfte des Jahres 52 an. Paulus kommt gegen Ende des Jahres 49 oder Anfang 50 nach Korinth. Einiges deutet darauf hin, daß er hier etwa anderthalb Jahre lebt und während dieser Zeit in der berühmten Weltstadt missioniert.

Wie in vielen anderen Orten, zieht er sich dabei den Haß der Juden zu. Ihren Racheplänen ist jedes Mittel recht, ihn unschädlich und mundtot zu machen. Vor Gallio klagen sie ihn der Volksverführung und Unruhestiftung an. Doch der lehnt es ab, sich in jüdische Zwistigkeiten einzumischen oder gar ein Urteil zu fällen. Er enttäuscht den Pöbel, der ein Schauspiel erwartet hat, und läßt die Gerichtshalle räumen.

Diesmal macht Paulus mit der Behörde wirklich gute Erfahrungen. Man kann verstehen, daß die Ernennung Gallios zum Prokonsul in Griechenland mit Begeisterung aufgenommen wird. Die Schwärmerei des Seneca für seinen Bruder geht so weit, daß er ausruft: „Kein Sterblicher kann zu seinem Freund so gütig sein, wie Gallio es ist gegen jedermann. Man kann meinen Bruder Gallio nicht genug lieben." Ob Paulus und Gallio überhaupt ein Wort miteinander gewechselt haben, wird nicht berichtet. Die Szene zwischen den beiden fällt in die Zeit vom Frühjahr 51 bis zum April des Jahres 52 n. Chr. Ein farbiges Mosaiksteinchen im Geschichtsbild der frühen Kirche.

Lesehinweis: Den Bericht über die Anklage des Paulus vor Gallio lesen Sie in der Apostelgeschichte (Apg 18,12–17).

Sosthenes
Ein Synagogenvorsteher bekommt Prügel

Einige Vorfälle im Neuen Testament lösen nicht nur Schmunzeln aus, sondern lassen geradezu einen Anflug von Schadenfreude aufkommen. Sehr anschaulich schildert Lukas eine solche Szene: Schauplatz dieses Vorfalls ist wiederum das berühmt-berüchtigte Korinth. In der Weltstadt mit zwei Häfen wimmelte es von Dieben und Trunkenbolden, Taugenichtsen und Herumtreibern. Matrosen aus aller Welt verjubeln hier in Weinlokalen und Hurenhäusern ihren Lohn. Prügeleien sind an der Tagesordnung. Aber eine Massenschlägerei im Gerichtssaal, bei der vor allem der jüdische Religionsvertreter ordentlich etwas abbekommt, ist auch für Korinth außergewöhnlich.

Wie kommt es dazu? Der Bruch des Paulus mit dem Judentum hat für genügend Unruhe und Zündstoff gesorgt. Seine Predigt wirkte so überzeugend, daß der korinthische Synagogenvorsteher Krispus sich hatte taufen lassen. Nun erwartet die aufgebrachte jüdische Gemeinde von seinem Nachfolger im Amt ein härteres Durchgreifen gegenüber der neuen Glaubensrichtung. Vor allem Paulus soll nicht ungestraft davonkommen.

Sosthenes, der neue Mann im Amt, wartet auf seinen Tag. Als sich eine günstige Gelegenheit bietet, läßt er Paulus in der Werkstatt, in der sich dieser den Lebensunterhalt verdient, verhaften und in die Gerichtshalle vor den römischen Prokonsul Gallio schleppen. Schaulustige, Mitläufer und Pöbel der unteren Schichten strömen vor das Tribunal des römischen Beamten. Werden sie auf ihre Kosten kommen? Gallio, überall in Griechenland wegen seines edlen Charakters und einer umfassenden Bildung gelobt, durchschaut rasch das Ränkespiel der Juden. Er verspürt keine Lust, als Schlichter in ihre Religionsstreitereien einzugreifen. Er nimmt die Klage erst gar nicht an, denn für ihn sind es keine Taten und Vorgänge, die nach allgemeinem Recht verboten sind. Die Ankläger verweist er an ihr eigenes Forum. Sollen sie dort ihre internen Meinungsverschiedenheiten austragen. Der Prozeß ist geplatzt, noch ehe er richtig begonnen hat. Juristisch ist alles einwandfrei. Mit einer Handbewegung befiehlt er den Liktoren, die Gerichtshalle zu räumen. Den Sosthenes läßt er einfach stehen.

Aber der schaulustige Haufen will so schnell nicht auf die erhoffte Unterhaltung verzichten. Kann er sein Mütchen

Korinth, Hauptstadt der römischen Provinz Achaia, war eine weltoffene griechische Stadt, aber mit extremen wirtschaftlichen Gegensätzen (zwei Drittel der Bevölkerung waren Sklaven, es gab große Armut und eine kleine Zahl sehr reicher Leute). Zu den eindrucksvollen Ruinen des alten Korinth zählt das Brunnenhaus der Peirenequelle.

nicht an Paulus kühlen, dann eben an Sosthenes. Nach Meinung der Prozeßbeobachter hatte der die Anklage ohnehin nicht geschickt genug vorgetragen. Im ausbrechenden allgemeinen Tumult wird Sosthenes kräftig verprügelt.

Der biblische Text sagt nicht deutlich, ob nur Juden es ihrem Synagogenvorsteher heimzahlen oder auch Heiden sich an der Prügelei beteiligen. Lukas schreibt kurz und bündig: „alle". Die ganze Menge fällt über ihn her. Die Sache nimmt für Sosthenes ein bitteres Ende. Da nützt auch der schöne griechische Name nicht viel. „Sosthenes" heißt übersetzt soviel wie: „der Kräftige". Unter den aus Neugierde anwesenden Griechen gibt es genug Männer, die keiner besonderen Einladung bedürfen, um die Fäuste fliegen zu lassen. Zudem ist es eine willkommene Gelegenheit, ihren Haß und ihre Verachtung gegen die Juden loszuwerden.

Der Prokonsul Gallio hat über den Vorfall nach Rom berichtet. Im Antwortbrief kommt der Kaiser darauf zurück. Paulus nennt einige Zeit später im ersten Brief an die Korinther einen gewissen Sosthenes seinen Mitarbeiter. Ist der Verprügelte mit diesem Missionshelfer identisch, könnte die Rauferei sogar zu seiner Bekehrung geführt haben. Das wäre dann eine weitere Bestätigung dafür, daß Gott auch auf krummen Zeilen gerade schreiben kann.

Lesehinweis: Wie es dem Synagogenvorsteher Sosthenes ergangen ist, lesen Sie in der Apostelgeschichte (Apg 18,12–17).

Die Pythia von Philippi
Eine Magd wird geheilt

Wenn in der antiken Welt Schriftsteller den Namen von Menschen mitteilen, sagen sie damit zugleich auch etwas aus über deren Bedeutung und Ansehen. Diener, Sklaven oder gar Bettler bleiben in ihren Beschreibungen meist namenlos. Hier ist der Grund zu suchen, warum nicht der Name jener jungen Frau im Neuen Testament mitgeteilt wird, die dem Paulus und seinen Gefährten in Philippi einiges zu schaffen macht.

Dabei hat gerade in Philippi alles so schön begonnen: Nachdem in der römischen Veteranenstadt eine christliche Gemeinde gegründet worden war, zeigen die Bewohner großes Interesse für die Predigten des Paulus. Unter den Zuhörern ist auch eine junge Frau, die ihm und seinen Begleitern ein paar Tage lang folgt. Sie umkreist den fremden Prediger in allerlei seltsamen Bewegungen. Als Paulus auf sie zugeht, um mit ihr ins Gespräch zu kommen, starrt sie ihn an und stößt urplötzlich den gellenden Ruf aus: „Sklave Gottes! Du bringst die Seligkeit." Immer lauter schreit sie, bis sich ihre Stimme überschlägt. Wild, ausgelassen tanzt sie um Paulus herum. Der und sein Begleiter Silas wissen sofort, daß sie es mit einer Besessenen zu tun haben.

Das arme, halbirre Mädchen ist Sklavin. In der ganzen Stadt erzählt man sich von dem Wahrsagegeist, der in ihr steckt. Philippi hat sozusagen eine städtische Pythia. In der griechischen Sage war „Python" der Name des Drachen, der das delphische Orakel am Fuß des Parnaß bewachte und von Apollo getötet wurde. Später bezeichnete man mit dem Wort „Python" alle Wahrsager und manchmal auch die Bauchredner. Die Leute in Philippi waren übrigens froh über dieses Sklavenmädchen mit einem Orakelgeist, denn wer etwas über seine Zukunft wissen wollte, brauchte weder die umständliche Reise zum berühmten Orakel in Delphi anzutreten noch die Gefahren auf sich zu nehmen, die mit dem Weg zur Höhle des Trophonius, einem anderen bekannten Wahrsager, verbunden waren.

Mit der Sklavin kann man viel Geld verdienen. Ihr Marktwert ist inzwischen so gestiegen, daß sich mehrere Herren zusammentun müssen, um den Kauf- und Handelspreis zu bezahlen. Ihre geschäftstüchtigen Besitzer halten sich die wahrsagende Sklavin, wie sich heutzutage manchmal mehrere Eigentümer ein gemeinsames Rennpferd halten.

Paulus reagiert ärgerlich auf den Vorfall. Er will kein Aufsehen und will vor allem nicht aus dem Mund einer Besessenen ein Zeugnis für sich und seine Sache haben. Er geht auf die junge Frau zu und beschwört den Dämon, auszufahren. Der Krampf löst sich. Die Trancezustände hören auf. Das Mädchen ist geheilt und befreit.

Allerdings geht die Sache für Paulus und Silas nicht gut aus. Die Eigentümer der Sklavin merken, daß mit ihr kein Geld mehr zu machen ist. Paulus hat ihre Einnahmequelle zerstört und das einträgliche Geschäft ruiniert. Aus Geldgier und Wut bezichtigen sie ihn und seinen Freund vor der Stadtbehörde der Unruhestiftung. Die Menge, die Zeuge der Heilung war und Paulus zuerst mit viel Beifall bedacht hat, weil sie der Meinung war, es hier mit einem noch größeren Magier zu tun zu haben, schwenkt rasch ins Lager der Mächtigen von Philippi um. Jawohl, den Fremden soll das Handwerk gelegt werden!

Ehe Paulus und Silas sich der gefährlichen Situation bewußt werden, lassen die Stadtoberen ihnen schon die Kleider vom Leib reißen und sie öffentlich auspeitschen. Die Behörden handeln hart und willkürlich zugleich. Ohne Verhandlung werden die beiden anschließend in den innersten, den sichersten Kerker geworfen. Dort sollen sie bis zur Verfügung weiterer Maßnahmen gefangengehalten werden.

Es kommt dann ganz anders: ein starkes Erdbeben um Mitternacht, die Türen springen auf, den Gefangenen fallen die Fesseln ab, der verantwortliche Aufseher will sich das Leben nehmen, weil er glaubt, daß die Gefangenen geflohen sind. Und als Paulus schließlich öffentlich und mit Nachdruck betont, daß er das römische Bürgerrecht besitzt, ist die Verwirrung und Ratlosigkeit groß. Sogar die Vertreter der Behörden kommen höchstpersönlich, um sich zu entschuldigen.

Die Gefangenen werden freigelassen. Was aus der geheilten Sklavin geworden ist, weiß man nicht.

Lesehinweis: Wie die Bewohner von Philippi um ihr Stadtorakel kamen, lesen Sie in der Apostelgeschichte (Apg 16,16–40).

Simon Magus
Ein Zauberer will sein Geschäft vergrößern

Leser des Neuen Testamentes sind von den Samaritanern einiges gewohnt. Sie werden fast immer durch die Brille von Juden gesehen und mit deren Vorurteilen belastet. Es paßt also ganz gut in dieses Konzept, wenn die Geschichte vom Zauberer Simon in Samaria spielt. Simon gehört zu den Magiern und trägt einen ebenso geheimnisvollen wie auch großspurigen Beinamen: „die große Kraft". Die Menschen liefen ihm in großen Scharen nach.

Dem Kirchenschriftsteller Justin verdanken wir einige nähere Angaben über diesen „Simon Magus", wie er später in der kirchlichen Überlieferung genannt wird. Er stammt aus dem kleinen Ort Gittae (Ghitton) in Samarien. In Ausnutzung der damals allgemein aufbrechenden Messiaserwartung gibt er sich als eine „Inkarnation des Göttlichen" aus. In der phönizischen Hafenstadt Tyrus tut er sich mit einer Lohndirne zusammen. Mit ihr zieht er umher und behauptet, sie sei die erste Vorstellung seines Geistes, durch die er Engel und Erzengel erschaffen habe. Viele verehren ihn wie einen Gott. Er läßt sich das gerne gefallen und predigt: „Ich bin unter den Juden als Sohn Gottes erschienen, in Samaria als Vater hinabgestiegen und bei anderen Völkern als Heiliger Geist angelangt."

Diese Verhältnisse findet Philippus vor, als er in Samarien zu missionieren beginnt. Die Bevölkerung ist mit okkulten Praktiken regelrecht verseucht. Schon deswegen müssen die christlichen Missionare bei der Handauflegung und der Geistvermittlung äußerst behutsam vorgehen, damit sie nicht auch für Zauberer gehalten werden. Wie groß diese Gefahr ist, zeigt sich deutlich an den Ereignissen um Simon. Ihm muß ein Mann wie Philippus imponieren, gilt der doch in der frühen Kirche mit gutem Grund als Teufelsaustreiber, Wundertäter und Exorzist. Als weitere Apostel eintreffen, um dem Diakon beim Missionswerk zu helfen, glaubt Simon, daß seine Stunde gekommen ist. Gegen Geld und Bezahlung will er den Aposteln die Fähigkeit abkaufen, die Geistverleihung zu betreiben. Wie alle Zauberer interessiert ihn die magische Technik. Tricks will er kaufen, um sein Repertoire zu erweitern. So wird er sich bei den Leuten noch besser in Positur setzen können. Da gibt es keinen Unterschied zu heutigen Unterhaltungskünstlern.

Die Gefahr der Verbindung von Geschäft, Aberglauben und Religion ist groß. Petrus erkennt das sofort und erteilt dem Simon eine vernichtende Abfuhr.

Simon Magus bekehrt sich. Das will etwas heißen. Er verliert dadurch ja an Einfluß und Einkommen. Doch ist seine Bekehrung wirklich ernst gemeint? Kommt sie aus dem Herzen? Zweifel sind erlaubt. Die Antwort des Zauberers auf den Fluch und die deftige Verwünschung des Petrus klingt eher wie die Bitte um Zurücknahme eines bösen Zauberspruches denn wie ein Ausdruck tiefer Reue und Umkehr. Eine alte Handschrift und Lesart der Bibel notiert, daß seine Worte von unaufhörlichem Weinen begleitet waren, ein beliebtes Ritual, um den Eindruck der Reue zu erwecken. Umkehr von Irrwegen ist die lebenslange Aufgabe eines Christen. Schön wär's, wenn man das von Simon dem Zauberer lernen könnte. Leider bleibt seine weitere Geschichte im Dunkeln.

Justin berichtet, daß es zu seiner Zeit (2. Jh. n. Chr.) noch sehr viele Anhänger dieses Simon in einer eigenen Sekte gegeben habe. Um diese schillernde Gestalt bildete sich ein Kranz von Legenden. Eine erzählt, daß er in Rom auftrat und sich durch Zauberkunststücke beim Kaiser Klaudius großes Ansehen verschaffte. Cyrill von Jerusalem berichtet, daß der Herrscher dem Simon zu Ehren sogar eine Statue errichten ließ. Er selbst sieht in dem Zauberer den Urheber

Für Zauberei und Orakelsprüche waren die Menschen der Antike immer zu haben. Das Medusenhaupt vom Orakelheiligtum in Didyma war vielen bekannt.

aller Häresien. Simon Magus sucht beim Christentum nur Wundermacht, aber keine wirkliche Heilung. Die Chance und Gabe der Taufe hat er erhalten, aber er scheint sie auch verspielt zu haben ...
Dieser Mann hat es sich bestimmt nicht träumen lassen, daß er auf dem Konzil von Trient eine große Rolle spielen würde. Sein Beispiel vor Augen wird die „Simonie" streng

verboten und für alle Zeiten betont: „Vom geistlichen Stand muß jeder Verdacht der Habsucht ferngehalten werden."

Lesehinweis: Den Bericht über den Zauberer Simon lesen Sie in der Apostelgeschichte (Apg 8,5–25).

Jason
Eine Gastfreundschaft wird bestraft

Wer auf der Via Egnatia, einer alten bedeutenden Handelsstraße, von Philippi nach Thessalonich wandert, ist eine gute Woche unterwegs. Aber für alle Mühen wird der Reisende entschädigt durch den Blick auf die ewig bewegte blaue Fläche des Meeres, während in weiter Ferne der schneebedeckte Gipfel des Olymp aus dem Dunst der Landschaft ragt.

Gegen Ende des Jahres 50 n. Chr. sind Paulus und sein Freund Silas auf dieser berühmten Handelsstraße unterwegs. Schließlich erreichen sie Thessalonich, eine Stadt, die mit ihrem Namen an die Schwester Alexanders des Großen erinnert. Heiße Quellen, Theater, Sportanlagen und Geschäfte locken Kaufleute und Reiselustige an. Die marmorschimmernde Stadt wird von einem bunten Völkergemisch aus Mazedoniern, Griechen, Ägyptern, Syrern und Juden bewohnt. Allerdings steht diese Bevölkerung nicht in bestem Ruf.

Da ist es von Vorteil, eine gute Adresse zu wissen, wo man unterkommen und wohnen kann. In den verwinkelten Gassen des Handwerkerviertels fragt sich Paulus zum Haus des Jason durch. Der Stammesgenosse mit dem griechischen Namen nimmt ihn freundlich auf. – Den Namen Jason legten sich Juden, die Jesus oder Joschua hießen, häufig als griechische Entsprechung zu. – Paulus nimmt gerne bei einem Juden Quartier. So kann er seine Predigttätigkeit leichter beginnen. – In der Hauptstadt Mazedoniens besaßen die Juden eine geräumige Synagoge.

Gute Erwerbsmöglichkeiten haben viele Juden nach Thessalonich gelockt. Auch Paulus arbeitet dort. Er will sich nicht umsonst beherbergen und beköstigen lassen. Jahre später wird er in seinem ersten Brief an die Thessalonicher beteuern, daß er bei ihnen Tag und Nacht gearbeitet hat, um niemandem zur Last zu fallen. Daraus darf man schlie-

Durch die Landschaften Griechenlands waren Paulus und seine Begleiter unterwegs, um das Evangelium zu verkünden. Die Zeichnung versucht einen Eindruck von der Via Egnatia, die nach Thessalonich führte, zu vermitteln.

ßen, daß Jason wie Paulus den Beruf eines Zeltmachers ausübt oder eine Leder- und Teppichwerkstatt betreibt. Vielleicht muß Jason dem Paulus anfangs sogar helfen, die schweren Stoffballen zu heben, weil dessen Rücken noch schmerzt von den Peitschenhieben in Philippi. Für den Juden Jason ist es nichts Besonderes, daß ein gelehrter Mann wie Paulus mit rauhem Ziegenhaar hantiert, näht und knotet. – Handwerk war beim jüdischen Volk eine geachtete Sache.

Würde es nach Jason gehen, könnte Paulus noch lange bleiben. Haus und Werkstatt werden zum Versammlungsort der jungen Christengemeinde. Hier legt man in langen Gesprächen die Schrift aus. Trauernde finden Zuspruch. Viele – auch Jason – lassen sich taufen.

Aber als Paulus in drei aufeinanderfolgenden Sabbatgottesdiensten in der nahen Synagoge gepredigt hat, sind es die einflußreichen Juden leid, immer wieder von diesem Messias Jesus aus Nazaret zu hören. Insgeheim spekulieren sie darauf, daß die römischen Stadtväter bei einer geschickten Anklage die Rede vom „Reich Gottes" falsch verstehen. Dann ließe sich aus dem Mißverständnis Auflehnung gegen das Römische Reich ableiten.

Immer und überall, zu jeder Zeit und in jeder Stadt läßt sich Gesindel finden, um bei organisierten Tumulten mitzumachen. Aristoteles rechnete schon zu seiner Zeit in den griechischen Städten durchschnittlich ein Drittel der Einwohner zu den Müßiggängern. So kann in Thessalonich schnell aus den Eckenstehern und Tagedieben ein aufgeputschter Haufen gewonnen werden. Gröhlend wälzt sich der aufgehetzte Pöbel durch die Basargassen zum Haus des Jason. Man ist sicher, Paulus dort zu finden.

Doch irgend jemand hat Paulus gewarnt. In letzter Minute bringt er sich in Sicherheit. Statt seiner zerrt die tobende Menge Jason aus dem Haus. Wenigstens den Gastgeber des verhaßten Predigers hat man gefaßt. Johlend schleifen sie ihn vor die städtischen Beamten. Ihre Anklage: Jason hat subversive Elemente unterstützt.

Die Politarchen sind klug genug, um nicht sofort auf das Geschrei des Mobs hereinzufallen. – Die Politarchen waren fünf oder sechs hohe Beamte der freien Stadt Thessalonich mit eigenem Senat und beschließender Volksversammlung. Ihre wichtigste Aufgabe war die Rechtsprechung und die Einberufung des Rates. – Die Stadtoberen ziehen aus den falschen Vorwürfen eine Konsequenz: Ruhestörer oder gar des Hochverrats Verdächtige wollen sie in der Stadt nicht dulden. Sie könnten ihn und auch die anderen, die festgenommen worden waren, als Geiseln festsetzen lassen. So aber begnügen sie sich mit einer Bürgschaft für den Fall weiterer Unruhen, die Jason zu stellen hat. Die Kaution verfällt, wenn es zu neuen Störungen kommt. Den Hetzern ist das nicht genug. Aber die Stadtoberhäupter haben das letzte und entscheidende Wort.

Noch in der gleichen Nacht verläßt Paulus hastig das Haus seines großzügigen Gastgebers. Er will den treuen Jason und dessen Familie nicht weiter gefährden. Acht Jahre werden ins Land gehen, bis Paulus die Freunde in Thessalonich wiedersehen wird. Jason und die anderen Christen erleben inzwischen schwere und bittere Zeiten.

Lesehinweis: Den Bericht über den Zwischenfall mit Jason lesen Sie in der Apostelgeschichte (Apg 17,5–9).

Onesimus
Ein Ausreißer aus Kolossä

Ob der junge Mann, dem wir den kleinen, ganz privaten Brief des Apostels Paulus verdanken, steckbrieflich gesucht wurde, ist unbekannt. Im 1. Jh. n. Chr. war es üblich, entlaufene Sklaven auf diese Weise zu suchen. Besonders Großstädte waren die günstigen Plätze, wo man rasch unerkannt untertauchen konnte. Die Behörden stellten Spezialtrupps zusammen, die den Auftrag hatten, geflüchtete Sklaven aufzuspüren und festzunehmen. Wer diesen brutalen Fahndern in die Hände fiel, wurde meistens schlimm behandelt: Blutiggeschlagen hängte man die Aufgegriffenen zur Abschreckung öffentlich auf oder kreuzigte sie vor den Stadttoren.

In der antiken Gesellschaft, auch im Palästina der Zeit Jesu, war die Sklaverei eine alltägliche Einrichtung. Man muß die Maßstäbe der damaligen Gesellschaftsordnung anlegen, um sich nicht darüber zu wundern, daß Jesus beispielsweise in den Gleichnissen, die er erzählt, Sklaven auftreten läßt, ohne sich ausdrücklich gegen die Sklaverei auszusprechen. Aus seinen Reden kann man aber erkennen, welche Wege zur Abschaffung der Sklaverei führen werden: Vor Gott sind alle Menschen gleich. Herren und Diener haben gegenseitige Rechte und Pflichten.

Nun ist dem reichen Kaufmann Philemon aus Kolossä ein Sklave davongelaufen. Beim Kauf hat Philemon dem jungen Mann den Sklavennamen Onesimus, „der Nützliche", gegeben. Ein trefflicher Name, aber er steht im schreienden Gegensatz zum Verhalten seines Trägers. Onesimus hat seinen Herrn finanziell geschädigt, wahrscheinlich betrogen und bestohlen. In aussichtsloser Lage flieht er und sucht Zuflucht bei Paulus. Woher er den Völkerapostel kennt, kann man nur ahnen. Paulus und Philemon waren befreundet. In der Gemeinde der kleinen asiatischen Stadt

Kolossä spielte dieser Philemon als Christ und als Handelsherr eine führende Rolle.

Der Fall des entlaufenen Sklaven Onesimus ist ernst. Nach geltendem Recht wird er als Dieb bestraft werden. Die Behörden werden ihn auspeitschen lassen und für den Rest des Lebens ins Arbeitshaus schicken, wo er die Mühle drehen muß. Paulus respektiert die damalige gültige Rechtsordnung. Einem entlaufenen Sklaven wurde, wenn man ihn wieder einfing, mit glühendem Eisen ein F (Fugitivus, Flüchtling) auf die Stirn gebrannt. Hätte er Onesimus einfach behalten, konnte das als Kampfansage gegen die bestehenden Rechtsverhältnisse betrachtet werden.

Onesimus scheint ein tüchtiger Bursche gewesen zu sein. Offensichtlich war die Verfehlung bei seinem Herrn nur ein einmaliger Ausrutscher. Ist er zu Paulus geflüchtet, um einen Fürsprecher zu finden? Paulus gewinnt ihn lieb. Er möchte ihn gerne bei sich behalten, weil Onesimus ihm in der Gefangenschaft nützlich sein kann. In der Antike gab es ja jene besondere Art von Haft, die Besuche erlaubte, und wo Freunde, Verwandte oder Diener für den Inhaftierten zu sorgen hatten. In Begleitung eines Wächters durfte sich ein solcher Gefangener sogar in aller Öffentlichkeit bewegen.

Manches spricht dafür, daß Onesimus Paulus in der Gefangenschaft in Ephesus aufsucht. Besonders die räumliche Nähe von Ephesus und Kolossä legt das nahe. Dann müßte sich diese Episode um das Jahr 56 n. Chr. zugetragen haben. Andere Bibelfachleute meinen allerdings, daß der Ort des Geschehens Rom gewesen sei. Dafür spricht, daß Paulus gerade dort einen Diener gut gebrauchen konnte. Jedenfalls ist Onesimus während der gemeinsamen Zeit von Paulus getauft worden. Für den Apostel wiegt das viel. Der Glaube hat die Beziehung verändert. Er ist ein persönliches, geistliches Kind des Apostels, hat sich ihm als nützlich erwiesen und somit seinem Namen wieder Ehre gemacht.

Paulus schickt den Ausreißer mit einem Schutz- und Bittbrief zu Philemon zurück. Dieser Brief des Paulus ist sein Versuch, die gestörte Beziehung zwischen Sklave und Besitzer auf eine neue Grundlage zu stellen. Sogar für den Schaden, der entstanden ist, will er aufkommen. Andererseits soll dem Gemeindemitglied aus Kolossä eine Möglichkeit eröffnet werden, Paulus einen Gefallen zu tun. Der berühmte Paulus, der „Gefangene Christi", bittet in Demut für den jungen Mann. Er ist sein „geliebter Bruder" geworden, kein geringes Lob für Onesimus. Philemon scheint seinem Freund Paulus die Bitte nicht abgeschlagen zu haben.

Nach dem Tod des Paulus sind dessen Briefe gesammelt worden. In der Tradition wird erzählt, Onesimus habe diese Aufgabe von Ephesus aus durchgeführt und die gesammelten Briefe herausgegeben. Dann wäre der entlaufene Sklave der erste Verleger des Paulus! Ernster zu nehmen ist ein Brief des Ignatius zu Beginn des 2. Jahrhunderts, in dem

Nachzeichnung eines alten Holzschnittes von 1490. Auf ihm ist dargestellt, wie Paulus den Empfehlungsbrief für Onesimus schreibt und ihn damit zu seinem Herrn zurückschickt.

uns ein Bischof von Ephesus mit Namen Onesimus begegnet. Ist er identisch mit unserem Onesimus, dann wurde aus dem Ausreißer von Kolossä sogar ein Bischof.

Lesehinweis: Den Bericht über Onesimus lesen Sie im Brief an Philemon (Phlm 1–23); der Name wird auch noch im Brief an die Kolosser (Kol 4,9) erwähnt.

Der Kämmerer aus Äthiopien
Ein Minister wird am Straßenrand getauft

Die Ausbreitung des Evangeliums wird im Neuen Testament fast ausschließlich in Richtung Norden und Westen, in Richtung Kleinasien und Europa beschrieben. Nur eine Episode in der Apostelgeschichte lenkt unseren Blick nach Süden, Richtung Afrika.

Eines Tages macht sich der Diakon Philippus, getrieben vom Engel des Herrn, auf den Weg und begibt sich auf die große Fernstraße, die von Jerusalem nach Gaza führt. Wenigstens drei alte Karawanenstraßen sind als Verbindung zwischen den beiden Städten bekannt. Gaza liegt ungefähr 100 km südwestlich von Jerusalem und war eine bedeutende hellenistische Stadt, zugleich die südlichste der fünf Philisterstädte.

Auf einem einsamen Streckenabschnitt folgt er, getrieben von Gottes Geist, dem Wagen eines Mannes, der Jerusalem verlassen hat und heimwärts zieht Richtung Süden, nach Äthiopien. Er ist Finanzminister oder Vermögensverwalter der Königin Kandake. Vielleicht ist „Kandake" (die Jugendliche) nicht nur der Name, sondern auch der Titel jener Herrscherin über das Land, das am Südrand der den Römern bekannten Welt lag. Mit „Äthiopien" wurde ein Reich bezeichnet, das, von dunkelhäutigen Stämmen bevölkert, südlich von Assuan in Oberägypten lag und von Frauen regiert wurde. Das Alte Testament nennt den Namen „Kusch" für dieses Reich. Im Jahr 62 n. Chr. schickte Nero eine wissenschaftliche Expedition in jene ferne Region von Nubien, um mehr über Land und Leute zu erfahren.

Der hohe Beamte aus Äthiopien, der „Kämmerer", wie ihn die Bibel nennt, ist auf dem Heimweg. Seine Wallfahrt nach Jerusalem ist für damalige Verhältnisse eine große Weltreise. Unser biblischer Text macht nicht ganz deutlich, ob der Staatsdiener ein Diasporajude ist, jüdischer Abstammung also, oder lediglich ein stiller Anhänger und Sympathisant des mosaischen Glaubens. Sicher ist nur, daß er den Tempel aufsuchte, um dort zu beten. In den äußeren Vorhof durften schließlich auch Heiden hinein. Für seine starke Hinwendung zum Gott Israels spricht auch, daß er sich eine Heilige Schrift angeschafft hat. Während der Fahrt liest er den Propheten Jesaja.

Eine seltsame Szene spielt sich nun auf der Straße ab: Philippus läuft neben dem Wagen her. Er fragt den Kämmerer: „Verstehst du auch, was du liest?" Und dieser antwortet: „Wie könnte ich es, wenn mich niemand anleitet?" Dann widerfährt dem Diakon, wovon Anhalter auf allen Straßen der Welt träumen: der Äthiopier bittet Philippus, zu ihm in das Gefährt zu steigen.

Er hat während der Fahrt das berühmte 53. Kapitel des Propheten Jesaja gelesen und betrachtet: das Lied vom leidenden Gottesknecht. Nach antiker Sitte hat er laut gelesen, sonst hätte Philippus ja nicht die berühmt gewordene Frage an ihn richten können. Zwischen beiden Männern entwickelt sich nun ein Gespräch über die Auslegung biblischer Texte. In griechischer Sprache werden Fragen und Antworten über den Text des Propheten Jesaja hin und her gegangen sein. Die Diasporajuden benutzten eine griechische Übersetzung des hebräischen Bibeltextes, die Septuaginta. Auch Lukas und ein Großteil der Kirche zu seiner Zeit lasen das Alte Testament in der griechischen Übersetzung der Juden.

Philippus verkündet ihm – ausgehend von diesem Abschnitt aus dem Propheten – das Evangelium von Jesus. Auf dem Höhepunkt der Unterweisung bittet der Äthiopier um die Taufe. „Was steht meiner Taufe noch im Weg?" fragt er. Vielleicht ist der Gesprächspartner des Diakons ein Eunuch, kastriert wie viele andere Bedienstete an orientalischen Königshöfen. Ist das ein Taufhindernis? Nach einer Anordnung aus dem Buch Deuteronomium darf kein Entmannter in die Gemeinde des Herrn aufgenommen werden. Muß der Diakon die Taufe verweigern oder hat ein anderes Bibelwort Vorrang, nach dem der Jerusalemer Tempel ein Bethaus für alle Völker genannt werden wird (Jes 56,7)?

An der nächsten Wasserstelle (mit fließendem Wasser) läßt der Kämmerer den Wagen halten. Die Überlieferung nennt Ain Dirwe bei Beth Sur, ungefähr 1½ Stunden nördlich von Hebron. Dann ist die längere der Straßen, die durch Wüstengebiet nach Gaza führt, der Schauplatz unserer Geschichte. Beide Männer steigen ins Wasser und Philippus tauft den Kämmerer. Wie Jesus überschreitet er Grenzen. Um das Reich Gottes, dessen Anbruch Christus verkündet hat, sind eben keine Zäune und Mauern aufgerichtet.

Ein Suchender ging nach Jerusalem, ein von der Gnade Gottes reich beschenkter Mensch kehrt an den äthiopischen Königshof zurück. Ausdrücklich merkt der Text an: „Er zog voll Freude weiter." Mit ihm zieht die Freude des Evangeliums an die Grenzen der Erde.

Einige Textvarianten zur Apostelgeschichte haben noch einen Zusatz aufbewahrt, der in der aufkommenden Taufliturgie eine Rolle gespielt haben könnte. Die Worte gleichen den Sätzen, die auch heute der Taufende an die Paten richtet: „Da sagte Philippus zu ihm: Wenn du aus ganzem Herzen glaubst, ist es möglich. Er antwortete: Ich glaube, daß Jesus Christus der Sohn Gottes ist."

Lesehinweis: Den Bericht über die befreiende Begegnung zwischen dem Kämmerer und Philippus lesen Sie in der Apostelgeschichte (Apg 8,26–40).

Simon von Zyrene
Ein unfreiwilliger Helfer beim Todesgang

Am 10. November 1941 entdeckten zwei bekannte israelische Archäologen im Südwesten des Kidrontales zwischen Ölberg und Stadtmauer von Jerusalem ein Felsengrab. Sind sie auf das Familiengrab des Simon von Zyrene gestoßen? Die Inschrift auf einem Ossuarium – einem Kästchen aus Stein zur Aufnahme von Gebeinen – lautet: „Alexander, Sohn des Simon des Kyrinäers". Wessen Gebeine sind hier bestattet? Führt von diesem Fund eine konkrete Spur zu jenem Simon, der seit Jahrhunderten aus der Leidensgeschichte der drei ersten Evangelien bekannt ist und unzähligen Betern in der 5. Station des Kreuzweges bildhaft vor Herz und Augen tritt?

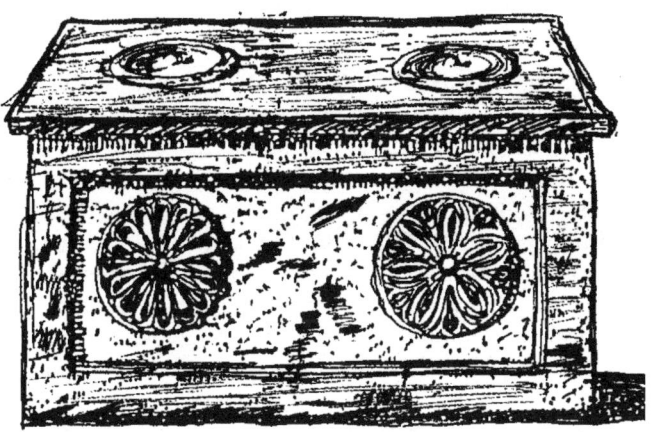

Ein Steinkästchen zur Aufnahme der Gebeine. Dieses Ossuarium stammt aus dem 1. Jh. n. Chr. Auf einem alten Jerusalemer Friedhof fanden Archäologen ein ähnliches Kästchen mit einer Inschrift, die vielleicht auf Simon von Zyrene hinweist.

„Simon von Zyrene hilft Jesus das Kreuz tragen", liest man unter den Bildern, die seit dem Mittelalter an jene denkwürdige Szene des Karfreitags erinnern. Mit einem einzigen Satz hat Markus im ersten Evangelium die Begegnung beschrieben: „Einen Mann, der gerade vom Feld kam, Simon von Zyrene, den Vater des Alexander und des Rufus, zwangen sie, sein Kreuz zu tragen." – Nach jüdischer wie auch nach römischer Sitte erfolgten Hinrichtungen außerhalb des bewohnten Stadtgebietes. In der Regel mußte ein zum Kreuzestod Verurteilter das Querholz des Kreuzes (das patibulum) selbst zur Hinrichtungsstätte tragen. Die verschiedenen Evangelienberichte lassen erkennen, daß Jesus zumindest ein Stück des Weges das schwere Holz trägt. Wahrscheinlich ist er aber durch die vorhergegangene Geißelung sehr geschwächt. Die Soldaten befürchten, daß er Golgota gar nicht mehr erreicht. Es ist aber unter ihrer Würde, einem zum Tod Verurteilten den Balken zu tragen. So greifen sie sich den Nächstbesten aus der Menge. Simon, der gerade vom Feld kommt, sieht sich gezwungen, Jesus beim Kreuztragen zu helfen. Er tut es nicht freiwillig. Aber er muß, ob er will oder nicht. Die Soldaten sind nicht zimperlich. Es ist nicht einmal ungewöhnlich, daß die römische Besatzungsmacht sogar an jüdischen Festtagen Pilgern Frondienste auferlegt.

Simon wurde am Stadttor aufgegriffen, als er vom Feld kam. War er ein wohlhabender Mann? Ein gewisses Vermögen war schon erforderlich, um sich in Jerusalem Grund und Boden zu kaufen, nachdem er von Zyrene in die Stadt Davids zurückgekehrt war. Es war der größte Wunsch der Diasporajuden, im Alter im Land der Väter zu leben, wieder am Tempelgottesdienst teilnehmen zu können und in Jerusalem – am Ort des Endgerichts – begraben zu werden. Besonders das Kidrontal zwischen Altstadt und Ölberg spielte in diesen Vorstellungen eine große Rolle.

Simon von Zyrene – er trägt einen jüdischen Patriarchennamen – war Diasporajude aus der Provinz Lybien.

Zyrene war eine der griechischen Kolonien an der Mittelmeerküste Nordafrikas. Im Jahr 96 v. Chr. gelang es den Römern, die Hafenstadt den Ptolomäern abzunehmen. In Zyrene wohnten nicht wenige Juden. Wenn sie ihre Heimat besuchten, konnten sie sich in Jerusalem sogar in der eigenen Synagoge der Zyrenäer treffen. Hier versammelten sich am Sabbat Festpilger aus der fernen Provinz und die endgültig Heimgekehrten zum Gottesdienst. Wahrscheinlich beteten sie hier in der vertrauten griechischen Sprache.

Simon scheint später zur griechisch sprechenden Gruppe der jungen Kirche gehört zu haben. Vielleicht begleitete er den Stephanus bei dessen Predigten in die Synagoge der Zyrenäer. Den Lesern des Markus-Evangeliums müssen die Namen der beiden Söhne des Simon bekannt gewesen sein: Alexander und Rufus. Warum sollte Markus sie sonst erwähnen? Geht man davon aus, daß Markus sein Evangelium in Rom schrieb, darf man daraus schließen, daß Alexander und Rufus sich nach dem Tod des Vaters in Rom niedergelassen haben. Paulus läßt im Brief an die Römer einem gewissen Rufus sogar Grüße bestellen. Rufus ist ein sehr seltener Name. Er stammt aus dem Griechischen und bedeutet soviel wie Rouphos = Rot. Auch die Mutter des vielleicht rothaarigen Mannes ist dem Paulus nicht nur bekannt, sondern eine Art geistiger Mutter geworden. So formuliert er es selbst. Die ungewöhnlichen Hinweise des Paulus lassen die Schlußfolgerung zu, daß die gesamte Familie des Simon zum Christentum gefunden hat. Die schicksalhafte Begegnung des Vaters bei der Rückkehr von der Feldarbeit hat Frau und Söhne mitgeprägt. So überrascht es nicht, wenn Simon in der Jerusalemer Gemeinde besondere Hochschätzung gefunden hat.

Sein Sohn Alexander ist später wieder nach Jerusalem zurückgekehrt – vielleicht weil der Vater das Grab als Erbbesitz erworben hat und ein solcher Platz weiterhin in der Familie geschätzt und in Ehren gehalten wurde. Ein Glücksfall bescherte dann den Archäologen das Ossuarium des

Alexander. Die dabei gemachten Keramikfunde belegen, daß die Grabhöhle längst vor der Zerstörung des Tempels, also in der ersten Hälfte des 1. Jhs. n. Chr., als Begräbnisplatz gedient hat.

In Simon von Zyrene sah die Urkirche schon bald das Vorbild für alle Christen: Wer das Kreuz Christi nicht mitträgt, kann nicht sein Jünger sein. Manchmal wird der Mensch sogar gezwungen, das Kreuz Christi auf sich zu nehmen. Anfangs eher widerwillig, dann freiwillig erhält er seinen Anteil an der Passion des Herrn.

Auch Simon mußte diese Erfahrung machen. Im Alltag, als er gerade vom Feld kam, Feierabend machen wollte und es ihm gar nicht in den Kram paßte. Weil christliche Geschichte zu allen Zeiten Geschichte von Menschen ist, die mit Christus das Kreuz tragen, erinnern die unzähligen Bilder und Darstellungen der 5. Kreuzwegstation daran, wie notwendig Helfer sind, die mittragen.

Lesehinweis: Drei Evangelisten erwähnen die Begegnung Jesu mit Simon von Zyrene: Markus (Mk 15,21), Matthäus (Mt 27, 32) und Lukas (Lk 23,26). Paulus grüßt den Rufus im Brief an die Römer (Röm 16,13).

Agabos
Ein Wahrsager mit schlimmen Nachrichten

Wahrsager wurden in der Geschichte oft als windige Typen angesehen. Besonders im Judentum traute man ihnen nicht über den Weg. Es gab ein Gesetz, das jegliche Art von Zauberei, Wahrsagerei oder Zeichendeuten verbot. Verstöße wurden mit drastischen Strafen geahndet. In einem späten Talmud-Text wird sogar behauptet, Jesus sei wegen Zauberei angeklagt und anschließend wegen Volksverführung hingerichtet worden.

Junge Juden lernten schon in der Schule, daß Wahrsager mit Propheten, die im Dienst des Herrn standen, nichts gemeinsam hatten. Wie andere Völker befragten auch die Israeliten Gott über den Ausgang irgendeiner Unternehmung oder über die Zukunft. Ein Orakelspruch war aber nur erlaubt, wenn er durch Priester, Propheten oder Seher, die durch ein Gotteszeichen beglaubigt waren, vermittelt wurde. Die Schar der Propheten des Alten Bundes fand in Johannes dem Täufer ein Ende. Doch die Gabe der Prophetie zeigte sich auch in der jungen Kirche. Neben Aposteln und Lehrern sind Propheten die großen Geistesträger im Urchristentum. Einige kennen wir mit Namen.

Agabos ist ein solcher Mann. Vom Heiligen Geist ergriffen prophezeit er die Zukunft. Zweimal läuft er Paulus über den Weg – und zweimal verheißt er nichts Gutes. Lukas berichtet von diesen Vorgängen. Dabei betont er nachdrücklich, daß es der Geist Gottes war, von dem Agabos getrieben wurde. So kommen erst gar keine Mißverständnisse auf: Agabos ist ein christlicher Prophet. Es gab solche in Antiochien, in Jerusalem und in anderen christlichen Gemeinden. Sie sind nicht notwendig mit einem Kirchenamt betraut. Aber charismatisch begabt, ist ihnen vom Heiligen Geist die Fähigkeit geschenkt, Geheimnisse Gottes zu schauen.

Agabos kommt nun von Jerusalem nach Antiochien – ein Zeichen der brüderlichen Verbundenheit zwischen diesen Gemeinden. „Agabus", wie er in der latinisierten Form heißt, bringt freilich schlimme Nachricht. Er weissagt eine große Hungersnot. Hungersnöte gehören zu jenen Plagen, die nach apokalyptischer Weissagung dem Ende der Welt vorausgehen und die ganze Welt heimsuchen werden. Oft wurden sie als Zeichen und Hinweis für die Erlösungsbedürftigkeit der Menschen gedeutet oder ausgelegt.

Das erste uns bekannte Auftreten des Agabos fällt in die Zeit des römischen Kaisers Klaudius (41–54 n. Chr.). Aus dessen Regierungszeit ist zwar keine Welthungersnot bekannt, wohl aber Teilhungersnöte. Für Griechenland ist eine solche im Jahr 49 und für Rom für das Jahr 50 n. Chr.

Auf einer antiken Münze ist der Leuchtturm im Hafen von Ostia dargestellt. Um während möglicher Hungersnöte die Getreideversorgung der Bevölkerung sicherzustellen, ließ der Kaiser den Hafen ausbauen. Agabos weissagte eine solche Notzeit.

bezeugt. Um Getreideeinfuhren zu erleichtern, ließ der Kaiser sogar den Hafen Ostia weiter ausbauen. Nach Flavius Josephus brach unter den Prokuratoren Fadus und Tiberius Alexander (44–48) eine schwere Hungersnot über Palästina herein. Sie hing offenbar mit dem Sabbatjahr zusammen, in dem die Felder bei den Juden nicht bebaut wurden. Ein solches Sabbatjahr fiel in die Zeit vom Herbst 47 bis zum Herbst 48 n. Chr. In Palästina dürfte dann die Notzeit im Jahr 49 ihren Höhepunkt erreicht haben.

Antiochien wurde von dieser Hungersnot nicht berührt. Erbaut an den grünen Hängen des Silpius, 20 Kilometer landeinwärts im Tal des Orontes, ist die Stadt, zu der Agabos sich aufmacht, die drittgrößte des Reiches und zugleich Metropole des Orients. Eben erst sind in ihr die Schäden eines heftigen Erdbebens beseitigt worden. Der Verkehr läuft wieder über die breiten Säulenstraßen – antike Vorläufer einer Königsallee oder Via Veneto. Nächtliche Straßenbeleuchtung erleichtert das ausschweifende Treiben.

Inmitten dieser sinnenfrohen Stadt hat sich eine christliche Gemeinde gebildet. Die düsteren Prophezeiungen, die Agabos ihren Mitgliedern während einer Versammlung macht, wirken wie ein Nachtfrost im Frühling. Alle sind erschüttert. Und während auf Straßen und Plätzen die Zecher singen und lärmen, packen die Christen der antiochenischen Gemeinde eine große Kollekte in Ledertaschen. Der Wunsch und das Bedürfnis, den notleidenden Brüdern und Schwestern in Jerusalem zu helfen, ist spontan geäußert worden. Man begreift, daß selbst die Gütergemeinschaft der fernen Gemeinde, von der man hier in Antiochien immer mit großem Respekt erzählt, Verarmung und drohende Hungersnot nicht aufhalten konnte. Christliches Gemeinschaftsbewußtsein leuchtet herrlich auf! Barnabas und Saulus machen sich auf den Weg, um die Spende zu überbringen.

Und Agabos? Zunächst sieht es so aus, als habe die Bibel den Unheilspropheten aus dem Auge verloren. Vielleicht ist der Geistbegabte den Gemeinden und ihren Leitungen unbequem geworden? In der Apostelgeschichte finden sich keine Nachrichten über seinen weiteren Aufenthalt. Erst nach vielen Jahren kommt der Tag, an dem Agabos – wieder mit einer Schreckensnachricht – erneut in das Leben des Paulus eintritt. Cäsarea ist diesmal der Schauplatz des Geschehens.

Paulus hat hier auf dem Weg nach Jerusalem im Haus des Diakons Philippus Station gemacht. Dieser hat vier Töchter. In kirchlichen Kreisen sind sie gut bekannt, halten sie doch mit ihrer charismatischen, prophetischen Begabung die Begeisterung der ersten Jahre frisch und lebendig. Wieder ist es der Geist Gottes, der den Agabos hierhin führt. Er betritt das Haus und geht schnurstracks auf Paulus zu.

Was sich dann abspielt, müßte eigentlich von einem Pantomimen dargestellt werden! Wortlos steht Agabos vor Paulus, nimmt dessen Gürtel und schlingt ihn sich selbst um Hände und Füße. Die Blicke aller sind auf ihn gerichtet. Was wird dabei herauskommen? Ein neues Kunststück? Zaubertricks oder unterhaltsame Possen ist man von ihm nicht gewohnt. Den Umstehenden und Zuschauern gefriert schon der Versuch eines Lachens, denn heftig fährt ihnen der Schreck in die Glieder, als Agabos dem Paulus baldige Verhaftung und Tod ankündigt. Er beherrscht die Symbolsprache der alten Propheten. So begleiten bedrückende Gesten und Riten die Schreckensnachricht. Der Auftritt und die Botschaft verfehlen ihre Wirkung nicht. Alle sind betroffen. Einige Frauen beginnen laut zu weinen, und verunsichert beratschlagen die Männer, was zu tun ist. Die Warnung, die der düstere Seher überbringt, ist das Zeichen Gottes an Paulus. Dessen Entschluß steht fest: Er wird nach Jerusalem gehen.

Agabos, von eben dieser Stadt heraufgezogen, hat seinen Auftrag erfüllt. Das Neue Testament schweigt über sein weiteres Schicksal.

Lesehinweis: Die Berichte vom Auftreten des Unheilspropheten lesen Sie in der Apostelgeschichte (Apg 11,27–30; 21,10–14).

Epaphras
Ein tüchtiger Gemeindeleiter

Paulus ist kein einsamer Weltmissionar. Im Gegenteil. Der Mann aus Tarsus weiß sehr wohl tüchtige und verläßliche Freunde zu schätzen. Im Lauf seines Lebens zeigt sich mehr als einmal, wie wichtig treue Mitarbeiter für ihn sind.

Es ist aufschlußreich und interessant, der Frage nach seinen Gehilfen und Mitarbeitern nachzugehen. Sowohl in den zahlreichen Briefen, die seinen Absender tragen, als auch in der Apostelgeschichte werden nicht weniger als 16 Personen ausdrücklich als Mitarbeiter erwähnt. Hinzu kommen noch etwa 40 Namen, deren Träger sich aus dem erzählten Zusammenhang als seine Helfer erweisen.

Zu den engen Mitarbeitern des Paulus gehört ein gewisser Epaphras. Für unsere Ohren klingt der Name fremdartig. Doch er sagt über seinen Träger Schönes aus: „Epaphras" ist nämlich die Abkürzung von „Epaphroditus", was soviel heißt wie „der Liebenswerte". Epaphras war Heidenchrist. Er stammte aus Kolossä und war in der Zeit von 53 bis 57 n. Chr. zum Glauben gekommen. Sein Name wird uns am Ende des Briefes an die Kolosser mitgeteilt. Auch für damalige Verhältnisse war es eine besondere Ehre, von Paulus in einem Hirtenbrief eigens erwähnt zu werden. Er wurde während einer von mehreren Gefangenschaften geschrieben. Vielleicht aus dem Kerker in Cäsarea oder Rom?

Epaphras besucht Paulus im Gefängnis. Leider kann er dem gefangenen Völkerapostel keine guten Nachrichten aus Kolossä bringen. Paulus selbst scheint dieser Gemeinde nicht persönlich bekannt zu sein. Epaphras hat in seinem Auftrag in Kolossä, am Oberlauf des Flusses Lykos, missioniert und dort eine christliche Gemeinde gegründet.

Wenn man dem antiken Reiseschriftsteller Strabo trauen darf, war Kolossä eine kleine, gemütliche Provinzstadt am

Fuß des Berges Kadmus. Das gewaltige Schneemassiv gab eine malerische Kulisse für den Ort ab. Die berühmte Via Egnatia verband als wichtige Handelsstraße Kolossä mit der übrigen Welt. Gute Beziehungen unterhielt man vor allem mit den Nachbarstädten Hierapolis und Laodizäa. Laodizäa war wegen der Herstellung von Purpur bekannt. Ihre Mauern beherbergten aber auch eine hervorragende Schule von Augenärzten. Im Haus eines gewissen Lymphas versammelt sich die dortige christliche Gemeinde. Auch sie ist von Epaphras gegründet worden. In Hierapolis hat er ebenfalls als Glaubensbote gewirkt und Erfolg gehabt. In der ehrwürdigen, heiligen Stadt der Phrygier, erbaut auf einer erhöhten Felsterrasse, hat er dem Evangelium in der heidnischen Welt einen weiteren Stützpunkt verschafft.

Für damalige Verhältnisse ist es ein bemerkenswerter Vorgang, daß es Epaphras gelingt, dem neuen Glauben in der berühmten „verzauberten Stadt" voller Naturwunder und heißer Quellen Gehör zu verschaffen. Hierapolis ist das heutige türkische Pammukale.

Heimatort des Epaphras aber ist Kolossä. Dessen Bürger – zum größten Teil Phrygier – sind durch die Schafszucht und die Verarbeitung der Wolle an Ort und Stelle im Laufe der Zeit ganz schön reich geworden. In der antiken Welt erzählt man sich zudem von ihrer Neigung zu Mystik und Träumerei. Allerdings gibt es in der Stadt auch eine geachtete jüdische Bevölkerungsgruppe.

Epaphras besucht Paulus, weil er nicht mehr weiter weiß: Neue Irrlehren sind aufgetaucht und haben die Gemeindemitglieder verunsichert. Diskutieren und Reden hat nichts genützt. Ein Fachmann muß entscheiden. Daher wendet sich Epaphras an den Theologen und Missionar Paulus. Dieser ist ziemlich betroffen, als er von den entstandenen Schwierigkeiten hört. Mit scharfen Worten verurteilt er die neue Selbsterlösungslehre. Für ihn ist diese Sache nichts anderes als ein selbstgebasteltes Kartenhaus. Es wird rasch zusammenstürzen.

Auf überraschende Weise erinnern die geschilderten Verhältnisse und Ideen in Kolossä an heute auftauchende Methoden und Lehren zur Selbstheilung oder Selbsterlösung. Epaphras hat allen Grund, beunruhigt zu sein. Als Gemeindeleiter sorgt er sich um die Gemeinschaft, der er vorsteht. Er kennt die Menschen und weiß, wie anfällig sie für Geheimnisvolles und Okkultes sind. In der neuen und zugleich bedrohlichen Irrlehre spielen Aussagen über kosmische Engelsmächte eine große Rolle. Epaphras möchte erreichen, daß seine Gemeindemitglieder erkennen, daß man mit den raffinierten Methoden einer Selbsterlösungslehre nicht heil werden kann. Gottes Liebe wird dem geschenkt, der sich seiner Offenbarung öffnet und das durch Christus angebotene Heil gläubig ergreift.

Epaphras, ein trefflicher Patron für die Pfarrgemeinderäte? Auch wenn keine römische Instanz ihn heilig gesprochen hat, kann man von ihm vieles lernen. Er war ein Mann, der wußte, worauf es vordringlich in einer Gemeinde ankommt: auf Klarheit und Stärkung des Glaubens.

Lesehinweis: Den Bericht um Epaphras lesen Sie im Brief an die Kolosser (Kol 1,5b–8; 4,12).

Kornelius
Ein gottesfürchtiger Militärmann

Häufiger als wir meistens ahnen, spielen Soldaten im Neuen Testament große und kleine Rollen. Besonderen Respekt verdient der Hauptmann Kornelius.

Die biblischen Angaben über seine militärische Funktion deuten auf einen Kommandoposten bei einer militärischen Hilfstruppeneinheit hin. Seit der Absetzung des Herodessohns Archelaus im Jahre 6 n. Chr. war Cäsarea Sitz des römischen Statthalters und Standort einer Garnison.

Unter Herodes dem Großen erlebte die Stadt eine Blütezeit. Nachdem der Kaiser Augustus dem jüdischen Provinzkönig den alten sidonitischen Stratonsturm geschenkt hatte, baute Herodes der Stadt einen neuen Hafen und stattete sie mit allerlei Privilegien aus.

Die Mitteilung, Kornelius sei Hauptmann in der sogenannten Italischen Kohorte Cäsareas gewesen, ist die Übertragung der militärischen Verhältnisse der Abfassungszeit der Apostelgeschichte in die Epoche Jahrzehnte zuvor. Die Garnison bestand nicht aus Legionssoldaten, sondern aus syrischen Hilfstruppen. Beim Tod des Agrippa I. (44 n. Chr.) setzte sie sich aus fünf Kohorten Fußvolk und einer Schwadron Reiter zusammen. „Italische" Kohorten gab es mehrere. Mehr als dreißig Einheiten im Römischen Reich führten diesen Beinamen. Aus Inschriften ist nachgewiesen, daß eine cohors II Italica in der Zeit von 69–157 n. Chr. ihren Standort in Syrien hatte. Ob sie mit der in der Apostelgeschichte genannten identisch ist, kann nicht genau ausgemacht werden. Diese Italischen Kohorten bestanden, wenigstens in ihrem Kern, aus Italikern mit römischem Bürgerrecht, die sich als Freiwillige bei diesen Hilfstruppen anwerben ließen. Der Hauptmann Kornelius war also auch römischer Bürger. Vielleicht stammte er aus einer der Familien, die von Kornelius Sulla freigelassen worden waren. Seinen Lebensunterhalt verdiente er jetzt als Berufssoldat. Zu seiner Zeit standen die Offiziere loyal zum Kaiser in Rom. Im besetzten Gebiet hatte Kornelius für Ruhe und Ordnung zu sorgen. Dummköpfe konnte man für solche Aufgaben nicht gebrauchen, und wer eher dem sorglosen Leben zugetan war, hatte in einer derartig schwierigen Garnison nichts zu suchen. Offiziere im besetzten Land hatten wachsam zu sein gegenüber allen Kräften und Vorgängen, die ihnen zu Ohren kamen.

Kornelius befehligt mehr als hundert Soldaten. Gewohnt, Befehle entgegenzunehmen und auszuführen, weiß er aber auch, wie er in soldatischer Disziplin mit seinen Untergebenen umzugehen hat. Aus seinem Sprechen und Reden im biblischen Text kann der Leser die knappe, klare Spra-

Eine Kolossalfigur aus rotem Porphyr in den Ruinen von Cäsarea läßt ahnen, wie prächtig die Stadt einmal war. Zu der Zeit, als Kornelius dort in der Garnison Dienst tat, wohnten hier die Prokuratoren und kaiserlichen Beamten.

che der Soldaten heraushören. Leute seines Schlages gab es viele in der römischen Armee. In dieser Hinsicht war Kornelius nur einer unter vielen.

Überraschung löst dagegen die Beschreibung seiner religiösen Grundhaltung aus! Er ist gottesfürchtig – für einen Soldaten ein ziemlich ungewöhnliches Attribut. So bezeichneten damals die Juden jene Heiden, die der mosaischen Religion aufgeschlossen gegenüberstanden. Sie machten sich in erster Linie die Lehre von dem einen Gott, der alles geschaffen hat, zu eigen. Vielleicht richtete sich Kornelius sogar schon in dem einen oder anderen Bereich nach jüdischen Gesetzen. Von einigen dieser Gottesfürchtigen wird berichtet, daß sie die Gebetszeiten der Juden einhielten. Bestimmte Stellen unserer Geschichte sprechen dafür, daß auch Kornelius diese fromme Übung schätzt. Besonders gerühmt wird seine Wohltätigkeit gegenüber dem Volk, den jüdischen Bürgern in Cäsarea. Auch heute würde es beträchtliches Aufsehen erregen, wenn ein Offizier sich nicht nur um das kümmert, was sich in der Kaserne abspielt, sondern darüber hinaus auch noch Interesse für das Wohl der übrigen Bewohner der Garnisonstadt aufbringt. Die Bibel sagt hin und wieder von einem solchen Menschen, er sei „fromm". Gemeint ist damit mehr als das gewöhnliche Händefalten.

Der Hauptmann Kornelius erlebt offenbar während des Nachmittagsgebetes die Vision eines Engels. Gewohnt, mit harten Tatsachen konfrontiert zu werden, ist er nicht leichtgläubig und macht sich so schnell nichts vor. Doch Kornelius ahnt, daß Ungewöhnliches auf ihn zukommt. Gewohnt, zu handeln und zu befehlen, schickt er sofort zwei Haussklaven mit einem Soldaten als Begleitung nach Joppe. Sie sollen Petrus nach Cäsarea bringen.

Der Besuch des Petrus in seinem Haus macht Kornelius so betroffen, daß er den Apostelführer begrüßt, als sei er ein übermenschliches Wesen. Normalerweise war es verpönt, daß ein Jude das Haus eines Heiden betrat, erst recht nicht das Haus eines Soldaten der verhaßten Besatzungsmacht. Was sich in der Dienstwohnung des Kornelius abspielt, erinnert an das Pfingstwunder in Jerusalem. Der Heilswille Gottes macht auch nicht vor Kasernentoren halt.

Diese Engelserscheinung, die dem Berufssoldaten geschenkt wird, dürfen wir getrost als Anerkennung seiner Frömmigkeit durch Gott werten. Deswegen sollte man auch nicht von einer Bekehrung des Kornelius sprechen. Er muß nicht umkehren. Gott führt ihn nur weiter auf einem Weg, auf dem er schon lange geht. Er findet ohne Umwege zu Gott. Er wird Christ und empfängt zusammen mit seiner Familie und seinen Freunden die Taufe, ohne vorher Jude werden zu müssen.

Ein solcher Vorfall wird zum Tagesgespräch. Das wäre heute nicht anders. Kornelius hat etwas gewagt: Verlust von Zugehörigkeit und Freundschaft, von Karriere und Anerkennung. Gewonnen hat er alles!

Lesehinweis: Die Berichte vom Geschehen in Cäsarea lesen Sie in der Apostelgeschichte (Apg 10,1–48; 11,1–18).

Klaudius Lysias
Ein Tribun sorgt für Ordnung

In Jerusalem befindet sich der Grabstein eines Soldaten der
10. Legion, der verhältnismäßig jung in dieser Garnison
starb. Der Text lautet:

DML MAGNIUS FELIX
MIL LEG X FRET
B TRIB MIL ANN XVIIII VIX XXXIX

In freier Übersetzung sagt die Inschrift: Gewidmet dem
Gedenken des L. Magnius Felix, eines Soldaten der 10.
Legion, der Fretensis. Er war Diener des Tribunen, diente
19 Jahre und starb im Alter von 39 Jahren.

In Jerusalem gab es also unter den römischen Besatzungs-
offizieren auch einen Tribun. Diese gehörten zur höheren
Kommandoebene. Zu jeder Legion zählten sechs Tribunen. Sie
bekleideten mehr oder weniger eine Stellung im Rang eines
Obersten. Gewöhnlich traten diese Tribunen als junge Männer in die Reiterregimenter oder in den Stab eines Legaten
ein. Da sie jedoch gleichzeitig Beamte waren, wechselten sie
für bestimmte Zeit in den Zivildienst, um dann wieder zur
Armee zurückzukehren. Wenn sie schließlich in die Provinz
hinausgeschickt wurden, waren sie sowohl in der Verwaltung
als auch in militärischen Dingen ausgezeichnet ausgebildet.

Bei der Verhaftung des Paulus und der folgenden Aus-
lieferung an den Prokurator spielte der Oberst Klaudius
Lysias eine wichtige Rolle. Seinen Dienstsitz hatte er in
Jerusalem in der Burg Antonia in der Nordwestecke des
Tempelplatzes. Er befehligte eine Kohorte Hilfstruppen
(cohors equitata) mit 700 Mann Infanterie und 240 Reitern.
Das Kommando über ungefähr 1000 Mann führte im Grie-
chischen zu der Rangbezeichnung „Chiliarch". Auf den

In Jerusalem fand man den Grabstein eines Soldaten der 10. Legion. Der junge Mann hat wohl als Diener bei einem Tribunen gearbeitet.

römisch-lateinischen Gehaltslisten taucht der Dienstgrad „tribunus militum" auf.

Als Befehlshaber der Antonia hatte er verstärkt das Tempelareal zu überwachen. An hohen jüdischen Festen war das besonders wichtig, denn nach einer aufgefundenen Hinweistafel war es den Heiden bei Todesstrafe verboten, die um den inneren Tempelbezirk angebrachte Sperrgrenze zu überschreiten. Durch zwei Treppen war die Burg, von vier Festungstürmen begrenzt, mit dem Tempelplatz direkt verbunden.

Über diese Treppen eilt der Oberst Klaudius Lysias mit seinen Soldaten in den äußeren Vorhof, als der Tumult um Paulus losbricht und ihm öffentliche Lynchjustiz droht. Ein knapper Befehl des Lysias, das Klappern römischer Soldatenschilde und das Geräusch vom Ziehen der Schwerter – für einen Augenblick läßt das rasende Volk von seinem Toben ab. Paulus muß von Soldaten durch die Menge getragen werden. Der Mob von Jerusalem hätte ihn sonst zertrampelt. Lysias überblickt mit deutlicher Verachtung das Treiben.

Der Oberst ist erstaunt, als Paulus ihn auf Griechisch anspricht. Kurz zuvor hatte ein ägyptischer Schwärmer viel Unheil angerichtet. Bei dem von ihm angezettelten Aufstand waren Hunderte ums Leben gekommen. Lysias glaubt, mit Paulus diesen langgesuchten Rädelsführer verhaftet zu haben. Um so erstaunter ist der Offizier, einen Bürger aus der Stadt Tarsus vor sich zu haben. Großzügig erlaubt er dem Gefangenen, zur Menge zu sprechen.

Von dem, was Paulus dann sagt, versteht Lysias kein Wort. Der Mann aus Tarsus spricht in Hebräisch, d. h. in aramäischer Sprache zu den Juden. Das Aramäische, ein dem Hebräischen verwandter semitischer Dialekt, war damals Volkssprache in Palästina. (Auch Jesus hat in dieser Sprache gesprochen und gelehrt.) So bekommt der römische Oberst auch nicht mit, warum die Menge plötzlich in Raserei verfällt und johlend und tobend den Tod des Paulus fordert. Vielleicht ahnt er, daß es sich um eine innerjüdische religiöse Streitfrage handeln muß, denn die Leidenschaft dieses Volkshaufens sprengt alle Vorstellungen: Pharisäer und Zeloten zerreißen ihre Kleider. Stoffetzen fliegen durch die Gegend. Unter lautem Geschrei schleudern sie Hände voll Staub und Dreck durch die Luft. Die Vertreter der römischen Besatzungsmacht konnten nie eine gewisse Beklemmung und ein seltsames Furchtgefühl verdrängen, wenn sie sich einer rasenden jüdischen Meute gegenübersahen.

Lysias will sich nun selbst Klarheit verschaffen und gibt den Befehl, den Gefangenen mit der Geißelfolter zur Aussage zu zwingen, um so den eigentlichen Grund des Streites zu erfahren. Das war geübte Praxis. Irgendwo in der Burg Antonia stand der Schragen oder die Geißelsäule. Noch ehe aber die Folterknechte die mit Spitzen und Bleikugeln versehenen Peitschen auf den entblößten Körper des Paulus niedersausen lassen, offenbart dieser dem diensttuenden Hauptmann, daß er römischer Bürger ist.

Für die Ausübung des römischen Rechtes oder der Polizeigewalt gab es eine Grenze, die es zu beachten galt: der Respekt vor einem Menschen, der sagen konnte: Civis Romanus sum – ich bin römischer Bürger! Dieses Wort, von Paulus gesprochen, wirkt auch jetzt Wunder. Der Centurio eilt zum Tribun, der seinem Gefangenen gegenüber noch unsicherer wird. Denn der Bürgertitel wurde nie mißbraucht. Eine widerrechtliche Berufung auf dieses Bürgerrecht hatte unweigerlich die Todesstrafe zur Folge.

Auch der Oberst Lysias besitzt das römische Bürgerrecht. Aber er gibt zu, daß er es für eine hohe Summe hat kaufen müssen. War es Bestechungsgeld? Der zeitgenössische Schriftsteller Cassius berichtet, daß durch Messalina, die Gattin des Kaisers Klaudius, das Bürgerrecht zunächst um hohe Summen verkauft wurde. Später bekam man es fast umsonst. Da Lysias mit Beinamen Klaudius heißt und die Neubürger in der Regel den Namen des regierenden Kaisers annahmen, hat Klaudius Lysias vermutlich das Bürgerrecht zwischen 41 und 54 n. Chr. erworben. Sein Hinweis auf die hohe Geldsumme will wohl ausdrücken, wie wichtig ihm dieses Recht war.

Lysias will es genau wissen. Und so begleitet der Festungskommandant den Gefangenen am nächsten Tag persönlich vor den Hohen Rat. Er hat eine Sitzung des Synedriums einberufen lassen. Die Halle, in der das oberste jüdische Gericht tagt, liegt an der westlichen Seite des Tem-

Es gab viele Dienstgrade in der römischen Armee. Zu den hohen Offizieren zählte der Tribun. Manche Historiker glauben, daß Klaudius Lysias die Überbringung des Paulus von Jerusalem nach Cäsarea deswegen mit ungewöhnlich großer militärischer Begleitung durchgeführt habe, um den aufgebrachten Juden ein Manöver vorzutäuschen.

pelberges, etwas tiefer gelegen als die Antonia. Wiederum muß der Oberst befürchten, daß der leidenschaftliche Streit im Hohen Rat, ausgelöst durch religiöse Fragen, die Sicherheit seines Gefangenen bedroht. Er läßt ihn mit Gewalt aus der Menge herausholen und in die Kaserne bringen. Wie richtig diese Befürchtung des Lysias ist, zeigt sich schon bald, denn ein kleiner Kreis jüdischer Fanatiker faßt den Beschluß, den verhaßten Paulus gewaltsam aus dem Weg zu räumen. Für Lysias wäre die Ermordung eines in seinem Gewahrsam befindlichen römischen Bürgers fatal und hätte schlimme Folgen.

Er faßt den Entschluß, den wichtigen Gefangenen nach Cäsarea dem Prokurator zu überstellen. Er setzt eine starke Truppenabteilung in Marsch: 200 Soldaten, 70 Reiter und 200 Bogenschützen. Inmitten dieses Militärkonvois wird Paulus während der Nacht aus Jerusalem weggebracht. Noch heute kann man Reste der alten Römerstraße mit ihren mächtigen Quadern sehen, über die jener seltsame Zug nach zwölf Stunden die Stadt Antipatris erreicht. Hier wird die eigentliche Gefahrenzone verlassen und der Oberst Lysias kann aufatmen. Der schriftliche Rapport, den er mitschickt, erklärt dem Prokurator knapp, präzis und klar, wie der Festungskommandant aus Jerusalem die ganze Sache beurteilt.

Lesehinweis: Die Berichte über diese Jerusalemer Ereignisse mit dem Oberst Klaudius Lysias lesen Sie in der Apostelgeschichte (Apg 21,27 – 23,35).

Tertullus
Ein römischer Winkeladvokat

Vom berühmten Palast des Herodes in Cäsarea ist nicht viel ausgegraben worden, sonst hätten die Archäologen in den Ruinen auch das berüchtigte Gefängnis gefunden, in dem ein dunkles Kapitel jüdischer Geschichte geschrieben wurde.

Aus Sicherheitsgründen wurde Paulus nach seiner Verhaftung in Jerusalem hierher verbracht. In den Amtsräumen des Prokurators wurde der Prozeß gegen ihn eröffnet. Fünf Tage nach seiner Überstellung erscheint der Hohepriester Annanias höchstpersönlich vor dem Prokurator Felix, um die Anklage vorzubringen. Mit ihm ist eine Abordnung des Synedriums gekommen. Hoherpriester und Delegation bringen einen Rechtsanwalt mit, der sie im Prozeß vertritt. Das zeigt, wie wichtig sie dieses Verfahren nehmen. Der Verfasser der Apostelgeschichte hat uns seinen Namen mitgeteilt: Tertullus.

In den großen Städten des Römischen Reiches gab es berühmte Gerichtshöfe, und dort agierten ebenso berühmte Anwälte. Neben den großen Starverteidigern gab es auch die Advokaten der kleinen Leute. Sie mußten sich zunächst in der Provinz das erste Geld und die ersten Sporen verdienen. Meistens beschäftigten sie sich mit Allerweltskram. Erst wenn sie sich in den entlegenen Provinzen einen Namen gemacht hatten, siedelten sie ins Mutterland um. Zu ihnen gehörte wohl Tertullus, ein Jurist, den sich die jüdischen Prozeßbeteiligten gedungen hatten.

Tertullus, war das ein Spottname? In der Übersetzung heißt Tertullus nichts anderes als „der kleine Dreier". Tertullus kommt von Tertius – der Dritte. Tertullus war also der Drittling, der Däumling oder Dreikäsehoch unter den anderen. Möglicherweise war Tertullus ein kleingewachsener Mensch. Einige Bibelfachleute meinen, er sei sogar ein ehemaliger und nun freigelassener Sklave gewesen. Bestimmt war er kein Jude. Wie sonst sollte er, wenn er vom jüdischen Volk spricht, die Formulierung „dieses Volk" und nicht „unser Volk" benutzen. Auch einige andere Passagen in der von ihm vorgetragenen Anklagerede erwecken den Eindruck, als distanziere er sich von seinen jüdischen Auftraggebern.

Der Bericht über den Prozeß des Paulus ist rechtsgeschichtlich von großem Interesse. Bedeutende Rechtshistoriker rühmen ihn als juristisch sehr aufschlußreich, wenn auch noch viele Fragen offen sind. Die Möglichkeit, sich eines Rechtsanwaltes zu bedienen, ist aus jener Zeit für den Zivilprozeß bezeugt. Tertullus übernimmt aber eine Aufgabe vor dem Militärgericht. Als Anwalt ist er nicht nur in griechischer Rhetorik geschult. Er muß sich auch in den Regeln eines Militärprozesses auskennen.

Ob die jüdischen Behörden gewußt haben, was sie an dem Mann hatten, als sie ihn in Dienst nahmen? Tertullus macht einige Fehler in seiner Anklagerede. Fehler, wie sie nur ein Anfänger macht. Der Mann hatte die Rechtsvertretung von Leuten übernommen, die in Gegnerschaft zu Felix, seinem eigenen Landsmann, standen. Man wird den Eindruck nicht los, daß dieser Tertullus eitel, geschwätzig und charakterlos war.

Seine Rede trägt er in griechischer Sprache vor. Im Beisein aller versteigt er sich zu der Unverfrorenheit, dem Prokurator Felix zu bescheinigen, daß er es sei, dem das Land Frieden verdanke. Daß Tertullus dem Gerichtsvorsitzenden nach dem Mund redet, ist nicht ungewöhnlich. So etwas war auch sonst in der damaligen Welt bezeugt. Was dieser Ankläger aber an Schmeicheleien und Lügen vorträgt, übersteigt das Maß dessen, was antike Rhetorik an Lobreden für den Herrscher bereithielt. Der von ihm hochgelobte Felix war in Wirklichkeit jener Landpfleger, der am meisten gehaßt wurde. Tacitus urteilt über ihn: „Er übte das Königsrecht mit Sklavengesinnung und Willkür aus." Noch nach Jahrhunderten spürt man bei der Lektüre der Apostelgeschichte, wie dem Tertullus jedes Mittel recht ist, sich den Militärrichter gewogen zu machen. Nur ein Anfänger trägt Schmeicheleien so plump auf, daß man die Dreistigkeit mit Händen greifen kann.

Die eigentliche Anklage, die der Winkeladvokat vorträgt, spottet jeder Beschreibung: Verleumdungen, Beleidigungen, Lügen und windige Kniffe. Aber dafür wird er ja auch bezahlt. Er nennt den Paulus eine „Pest". Diesen derben, vielgebrauchten Ausdruck verwendet er, um Paulus als einen gemeingefährlichen und verderbenbringenden Menschen zu kennzeichnen. Paulus wird von ihm als Schädling dargestellt, als Aufwiegler ausgewiesen und des Hochverrates bezichtigt.

Ein besonders grober Fehler unterläuft dann noch dem Provinzjuristen, als er in einem Militärprozeß vor dem Mili-

Vom antiken Cäsarea muß noch viel ausgegraben werden. Die Fundamente von Moschee, Restaurant und kleinen Häusern ruhen auf den Mauern antiker Paläste.

tärrichter einen anderen Soldaten belastet, nämlich den Oberst Lysias, der in Jerusalem stationiert ist. Ihm schiebt er die Schuld an der Festnahme des Paulus zu. Der alte Grundsatz, daß eine Krähe der anderen kein Auge aushackt, galt auch damals schon. Tertullus durchschaut gar nicht die wahren Machtverhältnisse und hat anscheinend keine Ahnung von der Bedeutung der Armee und ihrem Solidaritätsbewußtsein. Juvenal, der die Armee liebte und sogar selbst in der Armee gedient hat, beklagte sich darüber, daß ein Soldat bei jedem Prozeß einen ungerechtfertigten Vorteil habe. Unsicher geworden, ersucht Tertullus den Statthalter, die Richtigkeit der vorgetragenen Anklagen durch eigenes Verhör zu überprüfen.

Der Prokurator Felix vertagt die Verhandlung. Er behandelt den bezahlten Rechtsverdreher, der sein Ziel nicht erreicht hat, wie Luft. Lag es daran, daß er sich nur wenig Chancen ausrechnete, in diesem Prozeß viel Geld herauszupressen, oder war es die Überlegenheit der Macht, die der Militärmann gegenüber einem Provinzjuristen verspürte?

Lesehinweis: Vom Auftreten des Tertullus lesen Sie in der Apostelgeschichte (Apg 24,1–23).

Antonius Felix
Ein Sklave wird Prokurator

Ein Prokurator wird im Credo der Christen erwähnt und erhält dadurch einen unsterblichen Namen: Pontius Pilatus. Unzählige andere Prokuratoren haben weltweit im Römischen Reich mehr oder weniger redlich ihren Dienst getan und sind dann vergessen worden. Über ein Dutzend vertraten die römische Macht als Besatzungsbeamte in Palästina, dem Land der Bibel. Unter ihnen Gerechte und Ungerechte, Kluge und Habgierige. Sie waren eigentlich keine kleinen Leute mehr, weil sie über Wohl und Wehe von vielen zu befinden hatten. Doch einer, Antonius Felix, hat als ganz kleiner Mann angefangen. Er durchlief die beispiellose Karriere vom Sklaven zum mächtigen Prokurator, der den Verschlag eines Leibeigenen mit dem Palast Herodes' des Großen vertauschen konnte.

Felix und sein bedeutenderer Bruder Pallas waren Griechen, Freigelassene der Antonia, der Mutter des Kaisers Klaudius. Pallas war der allmächtige Günstling und unter Kaiser Klaudius wie auch unter dem Nachfolger Nero Finanzminister. Sein Einfluß und seine Beziehungen eröffneten dem Bruder Felix die überraschende Laufbahn eines Prokurators.

Prokuratoren gehörten zur römischen Militärverwaltung der kaiserlichen Provinzen. Die erfahrenen Statthalter stammten meistens aus dem Ritterstand. Kleinere Provinzen, die manchmal wegen religiöser oder kultureller Eigenarten in der Verwaltung besondere Sorgfalt verlangten, wurden immer von eigenen Prokuratoren regiert. Sie hatten das Gebiet nicht nur militärisch zu schützen, sondern übten auch richterliche Funktionen aus. In Palästina durfte der Militärrichter aber nur in Zivilprozesse eingreifen, wenn die Todesstrafe verhängt werden sollte. Ihre wichtigste Aufgabe war immer die Regelung der Finanzen und die Kontrolle der Steuereintreibung. Aus dem Finanzwesen stammte ja auch ihre Amtsbezeichnung: Prokurator.

War der ehemalige Hofsklave Antonius Felix dieser Aufgabe gewachsen? Bei allem, was wir von ihm wissen, wird bestätigt, was Tacitus von ihm sagt: er sei grausam und sinnlich gewesen und habe das königliche Recht mit sklavischem Sinn ausgeübt. Die neuen Kleider hatten aus ihm keinen neuen Menschen gemacht. Die erbärmliche Sklavengesinnung schlug immer wieder durch. Einmal machte er mit den fanatischen Sikariern, den erbarmungslosen Dolchmännern der Juden, gemeinsame Sache, wenn es in seine persönlichen Rachepläne paßte, dann wiederum unterdrückte er sie selbst mit starker Hand und ließ einige von ihnen kreuzigen. Felix schreckte auch nicht davor zurück,

Die Prokuratoren in Palästina hatten das Recht, eigenes Geld zu prägen. An die Amtszeit des Antonius Felix erinnert diese Münze.
Auf der Vorderseite zeigt sie gekreuzte Soldatenschilde und Lanzen. Der Palmbaum auf der Rückseite und die Inschriften zeigen, daß dieses kupferne Kleingeld im Jahr 54 oder 55 n. Chr. geschlagen wurde.

den jüdischen Hohenpriester Jonathan erdolchen zu lassen, dessen „Schuld" allein darin bestand, dem Prokurator räuberische Erpressung vorgehalten zu haben.

In Cäsarea begegnen sich Felix und Paulus zum erstenmal, als die Juden Anklage erheben. Die langjährige Amtstätigkeit in Palästina und die römische Anordnung, daß sich Staatsbeamte aus religiösen Meinungsverschiedenheiten der Juden herauszuhalten haben, müßten Felix eigentlich bewegen, den Paulus unverzüglich freizugeben. Daß er nicht schon bei der ersten Begegnung diesen Richterspruch fällt, ist weniger eine Folge der Furcht vor der Rache der Juden. Es ist sein Versuch, habgierig, wie er nun einmal ist, aus dem Gefangenen noch Geld herauszupressen. Vielleicht hat Paulus reiche Verwandte oder Anhänger? Gegen die Verschleppung eines Prozesses gibt es keine Rechtsmittel, das weiß Felix genau. Für den Völkerapostel bedeutet dies den Beginn einer zweijährigen Militärhaft in Cäsarea.

Von Antonius Felix wird gesagt, er sei der Mann dreier Prinzessinnen gewesen. Name und Abstammung der ersten Frau sind unbekannt. In zweiter Ehe heiratete er eine Enkelin des Antonius und der Kleopatra. Im Palast zu Cäsarea lebt er jetzt mit Drusilla zusammen. Er hat die 17jährige Tochter des Königs Herodes Agrippa I. ihrem rechtmäßigen Ehemann, dem König Azizus von Emesa, abspenstig gemacht. Antonius Felix und Drusilla sind allerdings bei einem Gespräch mit Paulus sehr betroffen. Sie haben den Gefangenen in der Hoffnung vorführen lassen, geistreich unterhalten zu werden.

Paulus schneidet vor Felix ein Thema an, das alles andere als amüsant ist. Schonungslos lenkt er die Aufmerksamkeit der Zuhörer auf Fragen von Moral und Sitte. Vor dem Hofstaat des Prokurators spricht er über die Beherrschung des Geschlechtslebens und der Verantwortung all dieser Taten vor Gott. Die Folgen malt er in apokalyptischen Farben aus. Felix, gewohnt, mit harter Faust zu regieren und für Ordnung zu sorgen, zittert vor Angst: Mord, Raffgier, Erpressung und Verführung tauchen vor seinem Auge auf. Aber ehe das Gewissen ihn übermannt, bricht er das Gespräch abrupt ab. Doch leistet sich Felix auch später noch das Vergnügen, immer wieder einmal mit Paulus zu sprechen.

Im zweiten Jahr der Gefangenschaft des Paulus überstürzen sich die Ereignisse. Ein blutiger Vorfall wird Felix zum Verhängnis. Bei einem Tumult in Cäsarea und heftigen Straßenkämpfen zwischen Griechen und Juden befiehlt er den Juden, die Straße zu räumen. Als diese nicht sofort parieren, richten die römischen Truppen ein schlimmes Blutbad an.

Die Anklage gegen ihn in Rom bedeutet das Ende der mehrjährigen Ära des korrupten Antonius Felix in Palästina. Seine Gönner in der Hauptstadt sind tot, der Bruder Pallas längst in Ungnade gefallen und ohne Einfluß. Felix wird im Jahr 60 n. Chr. abberufen und verbannt. Wieder unfrei, wird er erneut ein Unbedeutender unter den vielen kleinen Leuten, deren Spuren sich in der Geschichte verlieren. Drusilla soll beim Ausbruch des Vesuvs im Jahre 79 n. Chr. mit ihrem und des Felix Sohn ums Leben gekommen sein.

Das Jahr 60 in der Chronologie des Antonius Felix ist zugleich ein sehr zuverlässiges Datum in der Lebensgeschichte des Paulus.

Lesehinweis: Den Bericht über die Begegnung zwischen Antonius Felix und Paulus lesen Sie in der Apostelgeschichte (Apg 24).

Elymas
Ein Magier verliert sein Gesicht

Viele Wellen sind seit der bitter-bösen Geschichte mit Elymas über die Ägäis gegangen. In Zypern hat sie sich abgespielt, auf der Insel, deren Kreidefelsen blendend weiß an der Ostküste aus dem Blau des Wassers aufragen. Der schönste Baum der Insel, die Zypresse, die Zyprierin, trägt mit ihrem Namen die Kunde von ihrer schönen Heimat in die Welt.

Es ist die Zeit zwischen 45 und 46 n. Chr., als Paulus und Barnabas die damals sehr fruchtbare Insel besuchen. Sie landen in Salamis und nach langen Märschen erreichen sie die Stadt Paphos. Mehr als 150 km haben sie zurückgelegt, ehe sie in der römischen Verwaltungsstadt ankommen. In Paphos residieren seit vielen Jahren römische Statthalter. Zu dieser Zeit ist Sergius Paulus, durch das Losverfahren des römischen Senates, für ein Jahr zum Prokurator bestellt. Nach einem Bericht des Plinius gehört er zum vornehmen Adel und ist ein hochgebildeter Mann, insbesondere bewandert in Fragen der Naturbeobachtung und aufgeschlossen für philosophische Probleme.

Zu seiner Umgebung zählen Dichter, Gelehrte und auch Magier, Menschen, die sich mit Astronomie und Astrologie gleichermaßen beschäftigen. Damals verlangten die Menschen allenthalben nach Zauberern und Wahrsagern, weil sie den Willen der Götter für die Gegenwart und die Zukunft erfahren wollten. Juvenal beschreibt die damalige Welt als voll von chaldäischen Astrologen, syrischen Zauberern und jüdischen Wahrsagern. Der bedeutendste unter ihnen ist der Jude Barjesus, Sohn eines Jesus. Jesus ist zu der Zeit bei den Juden noch ein sehr gebräuchlicher Personenname. Er nennt sich aber auch „Elymas", ein griechischer Ausdruck, der soviel bedeutet wie „Zauberer". Elymas ist die hellenisierte Form des arabischen Wortes „Ulema": weiser Mann. Es gibt keinen Grund, sich den Elymas als plumpen Scharlatan oder simplen Gaukler vorzustellen. So ein Mensch hätte nie das Vertrauen des gebildeten Statthalters erringen können. Wahrscheinlich ist Elymas jemand, der mit den Geheimlehren Ägyptens, Babylons und Persiens vertraut ist. Auch die jüdische Magie steht in hohem Ansehen und ist, trotz offiziellem Verbot, weit verbreitet. Deren Weisheit führen ihre Anhänger direkt auf Mose zurück. Ein Hauch von orientalischem Okkultismus ist damals in den Häusern der Gebildeten sehr willkommen. Barjesus alias Elymas hat auf den römischen Statthalter großen Einfluß.

Als der Prokonsul von den Predigten des Barnabas und Paulus hört, lädt er die beiden in den Statthalterpalast und Amtssitz zu einem Gespräch ein. Elymas ahnt, was dies unter Umständen für ihn bedeuten kann. Als Augen- und Ohrenzeuge des Gesprächs bleibt ihm nicht verborgen, wie tief beeindruckt der Römer von dem ist, was Paulus und Barnabas vortragen. Er ist ja auch Jude und in der Schrift bewandert, und so legt er sich mit aller Macht ins Zeug, um die Bekehrung seines Gönners Sergius Paulus zu hintertreiben.

Paulus nimmt die Auseinandersetzung an und deckt mit ungewöhnlich scharfen Worten die teuflische und böse Gesinnung des Elymas auf. Sein jüdisch-heidnisches Lehrgemenge wird wie ein morsches Haus zum Einsturz gebracht: „Du Sohn des Teufels!"

Dann setzt Paulus vor den Augen des Römers ein rabiates Zeichen, damit für alle die Überlegenheit der Lehre Jesu erkennbar wird. Niemand soll sie für ein blasses Gedankensystem halten. Er schleudert dem falschen Propheten ein Strafwort entgegen. Im gleichen Augenblick erblindet, torkelt Elymas aus der Versammlung. Gottes Hand hat ihn getroffen. Den antiken Menschen wird drastisch und augenfällig die Macht der neuen Religion vor Augen geführt. Was für ein Gegensatz: dem Sergius gehen durch das Evangelium die Augen auf, während, vom Herrn geschlagen, Elymas nicht nur geistig, sondern jetzt auch körperlich blind ins Dunkel wankt.

Bis jetzt hatte der Prokonsul sein Heil in heidnischen Zauberlehren gesucht. Nun gibt es für ihn keinen Zweifel mehr daran, daß die magische Weltanschauung verloren hat. Sergius Paulus bekehrt sich. Damit ist Barnabas und Paulus der Einbruch in die höheren Gesellschaftsschichten der Römer gelungen. Ob Elymas die zeitweilige Erblindung als Gelegenheit annimmt, den Sinn zu ändern, ist nicht überliefert, auch nicht, ob er an Barnabas oder den Christen Rache nimmt. Seine Stellung beim Prokonsul als Schicksalsdeuter und mantischer Berater hat er ja durch sie verloren. Paulus ist übrigens nie mehr nach Zypern zurückgekehrt ...

Lesehinweis: Den Bericht über die dramatischen Vorgänge in der Römervilla lesen Sie in der Apostelgeschichte (Apg 13,4–12).

Dionysius, der Areopagit
Ein Ratsherr findet zu Paulus

Der Fuß des Touristen spürt die Steinrillen, die in die Platten des ansteigenden Hanges eingegraben sind und schon den alten Athenern den Aufstieg zur Akropolis erleichterten. Vor dem Aufgang zur Akropolis im Nordwesten und der Pnyx gegenüber liegt der Felsklotz des Areopag. Eine steile, in den Felsen eingehauene Treppe führt auf die kahle Kuppe. Von hier aus schweift der Blick zur Burg, dem Theseion und der Agora. Der Hügel trägt seinen Namen nach dem Kriegsgott Ares.

Der Areopag war den Athenern hochheilig. Es ist der Platz, an dem eines der berühmten Dramen des Aischylos spielt (Die Eumeniden). Der Patriot Demosthenes wurde hier abgeurteilt und der Muttermörder Orest freigesprochen, denn hier tagte seit frühesten Zeiten das Blutgericht. Paulus mußte auf, oder war es vor dem Areopag, die bittere Erfahrung eines Mißerfolges machen. Auf oder vor dem Areopag? – die Bezeichnung ist umstritten. Es kann als Ortsangabe die Anhöhe auf dem Weg vom Markt zur Akropolis sein, jedoch auch das alte aristokratische Gremium, das entweder hier oder in einer Säulenhalle der tiefer gelegenen Stadt tagte.

Ein Mann, der in der Bibel nur mit einem einzigen Satz erwähnt wird, könnte uns Auskunft geben und weiterhelfen: Dionysius von Athen. Er trägt den Beinamen „Areopagit", was soviel heißt wie „Mitglied des Areopags, Mitglied einer Stadtbehörde". „Areopagita" war in der antiken Welt ein begehrter und geachteter Titel – so wie heutzutage ein Parlamentarier stolz ist auf die drei Buchstaben MdB.

Zur Zeit des Dionysius war Athen eher eine kleine Provinzstadt mit kaum mehr als 5000 Einwohnern. Wirtschaftlich heruntergekommen, war es aber immer noch das geistige Zentrum der Antike. In Athen gab es viele Gerichtshöfe. Der älteste und ehrwürdigste war mit Sicherheit der Areopag, dessen Mitglied Dionysius war. Im Laufe der Zeit hatte dieses Gericht viel an politischer Macht verloren; aber es verhandelte unter anderem immer noch Verbrechen, auf die die Todesstrafe stand.

Auf den Inschriften der römischen Kaiserzeit ist der Areopag eine der am häufigsten genannten Institutionen. Aber welche Befugnisse er im einzelnen hatte, entzieht sich unserer Kenntnis. Die Nachrichten sind außerordentlich lückenhaft. Zu welcher Kammer und in welches Ressort Dionysius gewählt war, ist unbekannt, wie überhaupt die Arbeitsweise des Areopag manche Fragen aufgibt. Seine Mitglieder waren jedenfalls hochangesehene Bürger, oft genug ehemalige Archonten, die höchsten Zivilbeamten der Stadt. Dionysius zählt wie seine Amtskollegen zu den bejahrten Männern Athens.

Dionysius, ein Ratsherr mit großer Erfahrung, lernt Paulus kennen, als der vor seiner städtischen Behörde eine große Rede halten darf. Vor diesem Gremium steht Paulus nicht als Angeklagter, sondern als freier Mann. Sollte diese Behörde über die Erteilung einer Lehrbefugnis oder auch Redeerlaubnis für ihn befinden? Aus der Geschichte ist bekannt, daß Cicero einmal den Areopag bat, den Philosophen Cratippus zu berufen. Aller Wahrscheinlichkeit nach hatte der Areopag eine Anzahl von Kommissionen, von denen jede für einen Bereich des kommunalen Lebens zuständig war.

Dionysius ist begierig, diesen Mann aus Tarsus kennenzulernen. Ihm war berichtet worden, daß der Fremde schon seit einigen Tagen auf der Agora mit Philosophen und deren Schülern diskutiert hatte. Viel war dabei wohl nicht herausgekommen, denn die spöttischen Athener hatten sofort für ihn ein Schimpfwort parat. „Körnerfresser" (spermologos) lachten sie ihn aus und „Saatkrähe" nannten sie ihn. Damit wollten sie ihn als einen Menschen kennzeichnen, der wahllos zusammengesuchtes, aufgepicktes Zeug

Vom Areopaghügel geht der Blick zur Akropolis. Für den Athener Dionysius ein vertrautes Bild.

vortrug. Kritiklust und Ironie waren Kennzeichen sowohl der Stoiker, die einem trostlosen Schicksalsglauben anhingen, wie auch der Epikureer, die behaupteten, die Götter könnten den Menschen gar nicht helfen und die Welt sei ein Werk des Zufalls.

Die neugierig gewordenen Philosophen haben Paulus zum Areopag gebracht. Es ist nicht die steile, unbequeme Felskuppe, die als Ort für eine Diskussion mit größerem Publikum denkbar ungeeignet ist, sondern die hohe Ratsversammlung. Dionysius beobachtet ihn genau. In dem abgetragenen weiten Mantel sieht er aus wie ein kynischer Wanderprediger. Über den leicht tarsischen Akzent seiner Sprache amüsiert man sich in Athen. Aber was er vorträgt, erregt die Neugier des Ratsherrn. Das ist etwas anderes als kunterbunter orientalischer Unsinn. Auch die Nachbarn des Dionysius haben sich vorgebeugt, um besser zu hören. In einer merkwürdigen Mischung aus Skepsis und Spott, Neugierde und Aberglaube mustern sie den Fremden.

Dionysius hat noch im Ohr, wie der „Sprecher" des Areopags dem Paulus das Wort erteilte: „Können wir erfahren, was das für eine neue Lehre ist, die du vorträgst?" Höflich war man dem Fremden gegenüber! Und der sparte auch nicht mit Lob: „Athener, ihr seid besonders fromme Menschen." Das gefiel Dionysius. Der unbekannte Redner hatte seine Aufmerksamkeit. Und was er dann von jenem Altar erzählte, an dem er fast täglich vorbeiging – das ließ ihm wirklich das Herz höherschlagen. Wie oft hatte Dionysius gelesen: Agnosto theo – dem unbekannten Gott!

Und nun kommt dieser Fremde und erklärt dem höchsten Gremium der Stadt das Geheimnis dieses unbekannten Gottes. Als dann aber das verhängnisvolle Wort von Tod und Auferstehung dieses Gottes fällt, ist es mit dem neugierigen Schweigen der Versammlung vorbei. Rechts und links von Dionysius beginnt man zu lachen. Die Sache wird peinlich. Mit einer höflichen Phrase bricht der Vorsteher die Sache ab. Paulus möge bitte ein andermal wiederkommen und weiterreden. Sie wollen sich nicht entscheiden. Enttäuscht geht Paulus aus ihrer Mitte weg.

Ein totaler Mißerfolg? Paulus hat in Athen seine Lektion gelernt. Nur wenige in der Stadt werden gläubig. Dionysius gehört dazu. Er weiß, daß er den Gott gefunden hat, den er immer suchte. Der hochgeachtete Ratsherr läßt sich nach weiteren Unterredungen mit Paulus taufen. Vermutlich hat er später in der Gemeinde von Athen eine wichtige Rolle gespielt, weil sein Name im Gedächtnis der Überlieferung einen festen Platz gefunden hat.

Nach dem Zeugnis des Kirchenschriftstellers Eusebius wurde Dionysius der erste Bischof der Gemeinde von Athen. Die Legende weiß sogar, daß er während der Christenverfolgung des römischen Kaisers Hadrian (76–138 n. Chr.) als Märtyrer starb. Die archäologischen Spuren auf dem Areshügel sind minimal. Nur die kümmerlichen Reste einer späteren Kirche erinnern an „Dionysius, den Areopagiten". Athen kommt übrigens im Neuen Testament nicht mehr vor.

In der Kirchengeschichte sollte der Name des Dionysius noch einmal eine gewisse Bedeutung erhalten. Im 5. oder 6. Jh. n. Chr. tauchen mystische Schriften eines unbekannten Verfassers auf. Er gibt sich in seinen Werken als der in der Apostelgeschichte erwähnte Paulusschüler aus, was ihm, dem Pseudo-Dionysius, in der Kirche zu großem Ansehen verhalf.

Lesehinweis: Den Bericht über die Vorgänge in Athen und die berühmte Areopagrede lesen Sie in der Apostelgeschichte (Apg 17,16–34).

Wie stolz die Athener auf ihre Stadt waren, zeigt eine (stark vergrößerte) Silbermünze. Auf dem Burgfelsen sind der Parthenon und die Propyläen dargestellt. Zwischen ihnen steht eine Figur der Stadtgöttin Athena und unten im Felsen ist die Grotte des Pan abgebildet.

Priszilla und Aquila
Ein Ehepaar im Dienst des Paulus

Bis heute ist es ungeschriebenes Gesetz, bei offiziellen Anlässen die wichtigen und bedeutenden Persönlichkeiten namentlich zu begrüßen. Betrachtet man unter diesem Gesichtspunkt die Grußliste von 25 Namen, die Paulus in seinem Brief an die Römer aufgeschrieben hat und in der er an erster Stelle das Ehepaar Priska und Aquila nennt, dann zeigt Paulus damit auf eindrucksvolle Weise, welche Rolle die beiden in seinem Leben und für die Mission gespielt haben. Für ihn sind es bedeutsame Menschen. Und noch etwas fällt auf: in der antiken Welt war unsere Gewohnheit unbekannt, aus Höflichkeit Frauen zuerst zu nennen. Das Gegenteil war der Fall. Paulus durchbricht antike Konventionen, wenn er Priska, die Frau, zuerst anführt. Das ist nicht zufällig. Auch an anderen Stellen wird ebenso verfahren. Priska oder auch Priszilla, wie sie mit der Koseform in der Apostelgeschichte stets genannt ist, wird mit ihrem Ehemann sechsmal erwähnt. Und immer wird sie an erster Stelle genannt.

Der Name „Priska" bedeutet: „die Ernste". Die Koseform „Priszilla", von Lukas ausschließlich verwendet, läßt die Vermutung zu, daß sie auch Liebenswürdiges und Gütiges ausstrahlte. Sie scheint der führende Kopf im Haus gewesen zu sein. Keine von den anderen Frauen, die den Völkerapostel unterstützt haben, hat aus seinem Mund je ein solches Lob erfahren wie Priska.

Der Ehemann trägt den stolzen Namen „Aquila". Das heißt nichts anderes als „der Adler". Er stammte aus Pontus am Schwarzen Meer. Aquila zog nach Italien und ließ sich in Rom nieder. Wahrscheinlich hat er dort auch seine spätere Frau Priska kennengelernt. Ihr Name kommt im Totenverzeichnis (Coemeterium) der Gens acilia vor. Vielleicht weist er auf eine Freigelassene des vornehmen Geschlechtes hin. Viele Bibelfachleute vertreten die Ansicht, daß Priska als angesehene Römerin von höherem gesellschaftlichen Rang war als ihr Mann.

Der Lebenslauf der beiden ist abenteuerlich. Vor allem erweist sich das Ehepaar als sehr mobil. Oft haben sie den Wohnsitz gewechselt. Manchmal, weil sie es wollten und dann wiederum gezwungenermaßen. Nach Korinth sind sie nicht freiwillig gekommen. Sie mußten Rom im Zusammenhang mit dem bekannten Judenedikt des Kaisers Klaudius verlassen. Damals hatte es im römischen Ghetto Krawalle und Unruhen zwischen Juden und Christen gegeben. Kurzerhand entschied sich der Kaiser für die einfachste Lösung, diesen Konflikt beizulegen. Mit eben diesem Edikt verbannte er im Jahr 49 n. Chr. alle am Streit Beteiligten aus der Hauptstadt seines Reiches.

Von dieser Ausweisung der Juden aus Rom berichtet auch der römische Schriftsteller Sueton in seinen Kaiserbiographien: „Klaudius vertrieb die Juden aus Rom, weil sie auf Anstiften eines gewissen Chrestus fortwährend Unruhen erzeugten." Vieles spricht dafür, daß Priska und Aquila bereits in Rom das Christentum kennengelernt haben. Und genauso wahrscheinlich ist die Annahme, daß die späteren Quartiersleute des Paulus auch die ersten christlichen Missionare in Korinth waren.

Paulus trifft die beiden zum erstenmal, als er sich in schlechter seelischer Verfassung befindet. Er ist niedergeschlagen und bedrückt über den Mißerfolg in Athen. In diesem Zustand kommt er nach Korinth. Das Nächstliegende ist, bei Berufskollegen Quartier und Arbeit zu suchen. Paulus hat den Beruf eines Zeltmachers gelernt. Im Judentum kannte man das Wort eines Rabbi: „Wer seinen Sohn nicht ein Handwerk erlernen läßt, der lehrt ihn die Räuberei." Gewöhnlich stellt man sich unter einem Zeltmacher den Hersteller von Zelten aus grobem, rauhem Ziegenhaarstoff vor. Besonders in der Heimatprovinz des Apostels, in Zilizien, wurde der wasserdichte Stoff gewebt. Bei den

Römern hieß er deshalb „Cilium". Andere antike Schriftsteller beschreiben jedoch den Zeltmacher als Handwerker, der aus gegerbtem Leder durch Zuschneiden und Bearbeiten Zelte fabriziert. Lederzelte besaßen beispielsweise alle römischen Soldaten. Das Wort Zeltmacher wurde schließlich sogar für eine Art von Sattler verwendet. Jedenfalls waren es immer Tätigkeiten, bei denen steifes Leder, derbe Tierfelle oder schwerer Stoff zu verarbeiten waren. Knochen und Finger wurden dabei stark beansprucht. Paulus scheint tatsächlich verarbeitete Hände gehabt zu haben. Im Galaterbrief lesen wir die interessante Anmerkung: „Schaut, mit was für Buchstaben ich euch schreibe mit eigener Hand" (Gal 6,11).

Sind verarbeitete und gezeichnete Hände so etwas wie ein Erkennungszeichen der Zeltmacherinnung, dann können Priska und Aquila in Paulus ohne große Umstände einen Berufskollegen erkennen, als er im Teppich- und Zeltmacherbazar der Hafenstadt Korinth an ihre Haus- und Ladentür klopft. Damit beginnt eine Freundschaft zwischen Menschen, die von nun an wie ein Juwel in der Bibel strahlt. Niemand kann an jenem denkwürdigen Tag ahnen, als die beiden zunächst nur einen Arbeitsgehilfen einstellen, daß ihre Namen einmal unsterblich werden würden.

Priska und Aquila sind fleißige Leute. Paulus paßt zu ihnen, denn er versteht etwas von seinem Handwerk. Von ihrem Haus aus sind es für ihn nur wenige Schritte zur Synagoge. Nach der Arbeit kann er dort seine Lehrvorträge halten. Achtzehn Monate beherbergt das Zeltmacherehepaar den Völkerapostel. Es ist eine Gesinnungsgemeinschaft und Freundschaft, die ein Leben lang halten wird. Paulus nennt Priska und Aquila seine Mitarbeiter, denen er und die heidenchristliche Gemeinde viel zu verdanken haben.

Etwa um das Jahr 51 n. Chr. verlassen Priska und Aquila Korinth und gehen zu Paulus nach Ephesus. Dort gründen sie wieder eine Hausgemeinde. Einige Textzeugen sagen, daß Paulus wieder bei ihnen wohnt. Noch Cicero hatte behauptet, in der Werkstatt eines Handwerkers könne niemand als anständiger Mensch leben. In Ephesus lernen sie auch Apollos kennen, einen erfolgreichen Missionar der frühen Christenheit. Stille und selbstlose Arbeit von Mensch zu Mensch sind wohl die Stärke dieses vorbildlichen Ehepaares. Um Christi willen führen sie ein unstetes Leben und werden im wahrsten Sinn des Wortes Schuldner allen gegenüber: Griechen und Barbaren, Gebildeten und Ungebildeten. Was für eine Frau muß Priska gewesen sein! Es wird ausdrücklich erwähnt, daß sie dem glänzenden Redner Apollos, dem keiner der übrigen Lehrer gleichkam, eine Art Nachhilfeunterricht in Glaubenslehre erteilen muß, damit er genauer und tiefer in der christlichen Lehre unterwiesen wird. Ihr Schüler ist nicht irgendein Anfänger, sondern ein hochgebildeter Rhetor. Ihr Unterricht setzt also außergewöhnliche Kenntnis in den Geheimnissen des Christentums voraus. Und von methodischer Geschicklichkeit wird Priska auch etwas verstanden haben.

In der Nähe des Apollotempels von Korinth werden Priska und Aquila Haus und Werkstatt bewohnt haben.

Wie es dem Ehepaar in Ephesus während des Aufstandes ergeht, den der Silberschmied Demetrius gegen die Christen anzettelt, wissen wir nicht. Aufgeschrieben ist nichts. Einiges spricht allerdings dafür, daß sie sich unter Einsatz des eigenen Lebens für Paulus eingesetzt haben. Von ihm selbst stammt der Satz: „Sie haben für mich den Hals hingehalten."

Einige Jahre später, es ist die Zeit zwischen 55 und 57 n. Chr., geben sie erneut ihren Wohnsitz auf und kehren nach Rom zurück. Ist es Heimweh, das sie treibt? Oder stecken missionarische Gründe hinter dem Ortswechsel? Kaiser Klaudius, der sie einstens vertrieben hatte, ist gestorben und Nero zum neuen Herrscher ausgerufen. Bei einem so bewegten Wanderleben kann man es nur schwer zu Reichtum und Wohlstand bringen. Immerhin scheint das Zeltmacherhandwerk aber doch soviel abzuwerfen, daß unser Ehepaar jedesmal wieder ein Haus erwerben oder mieten kann, das dann zum Sammelpunkt der Gemeinde wird. Zeltmacher waren eben gesuchte Leute. Die damaligen Verkehrs- und Reiseverhältnisse machten es erforderlich, stets ein Zelt bei sich zu tragen. An Absatz mangelte es nicht.

Der erneute Aufenthalt von Priska und Aquila in Rom ist für Paulus Grund genug, sich in der Grußliste des Römerbriefes der beiden dankbar zu erinnern. Er weiß, was er an diesem Ehepaar hat, sowohl an dem Mann wie auch an der Frau, an den Kaufleuten und Handwerkern, an den Christen und Menschen. Sie stehen mit beiden Füßen in der Welt und wissen zugleich um ihren Dienst und ihren Platz in der Kirche.

Später hat sich die Legende ihrer angenommen. Danach wurde Aquila Bischof von Heraklea. In Rom erinnert das ehrwürdige, uralte Heiligtum auf dem Aventin an dieses edle Paar. Der griechische Kirchenvater Johannes Chrysostomos ruft zu Recht voller Begeisterung über Priska aus: „Sag an, welche Königin hat solchen Glanz erlangt, welche wird so besungen wie diese Frau des Zeltmachers? Perser und Skythen und Thraker und die, die an den Enden des Erdkreises wohnen, besingen dieses Weib und preisen es selig" (31. Homilie zum Römerbrief).

Lesehinweis: Viele Stellen im Neuen Testament halten die Erinnerung an Priska und Aquila lebendig: im Brief an die Römer (Röm 16,3f), im ersten Brief an die Korinther (1 Kor 16,19), im zweiten Brief an Timotheus (2 Tim 4,19) und in der Apostelgeschichte (Apg 18,2f; 18,26).

Zachäus aus Jericho
Ein kleiner Mann, der nicht zu kurz kommt

Der aufsehenerregende Zwischenfall ereignete sich am Eingang zur Palmenstadt Jericho. Wochenlang sprachen die Leute darüber und selbst auf der anderen Seite des Jordan wurde das Ereignis bekannt. Was war geschehen?

Von Jericho kann man auf einem Esel in ein paar Stunden nach Jerusalem reiten. Heute benötigen moderne Touristenbusse für die knapp 30 Kilometer nur zwanzig Minuten. Auch Jesus kommt auf dem Weg nach Jerusalem durch Jericho. Die Oasenstadt wird von einer kräftigen Quelle bewässert. Die Gärten und Felder Jerichos grünen und blühen während des ganzen Jahres. Wie ein Smaragd hebt sich die Oasenstadt aus der Wüste ab. Damals behauptete man sogar, daß die Luft über Jericho nach Jasmin dufte, nach Orangen, Rosen und Zyklamen. Berühmt waren zudem Jerichos Maulbeerfeigenbäume. Mit der Astgabel eines solchen Maulbeerbaumes hängt unser Zwischenfall zusammen. Natürlich ist es nicht jener Baum an einer Straßenkreuzung, den die Touristenführer heute den Besuchern Jerichos zeigen. Kleopatra hatte übrigens Jericho von Marcus Antonius geschenkt bekommen. Später verpachtete sie die Stadt an Herodes. In Jericho wohnten viele reiche Leute. Einer von ihnen ist Zachäus.

Man fragt besser nicht, wie er an das viele Geld gekommen ist. Für jüdische Nasen stinkt sein Geld zum Himmel. Er ist Zöllner, Gerichtsvollzieher und Geldeintreiber im Namen der Römer, der verhaßten Besatzungsmacht. Steuern sind nirgends und zu keiner Zeit beliebt gewesen. Aber Besteuerung durch fremde Eroberer hält den heruntergewürgten Haß wach. Empörend genug ist schon die Art und Weise, in der neben den direkten Steuern noch indirekte Abgaben wie Eingangs- und Durchgangszölle oder Umsatzsteuern festgesetzt werden, denn niemand weiß genau im voraus, was er zu zahlen hat. Es gibt keine Verordnungen, die auf längere Sicht hin die Dinge regeln. Einige römische Prokuratoren erheben Steuern, die fast einer Enteignung gleichkommen. Um sich die Hände dabei nicht allzu schmutzig zu machen, beauftragen sie Steuereinzieher. Die treten als Steuerpächter in Vorlage für die Steuer, um anschließend freie Hand zu haben, den eigenen Landsleuten genug abzupressen, daß auch für den eigenen Säckel reichlich übrig bleibt.

Was Wunder, daß Steuereinzieher und Zöllner zu sein, in den Augen der meisten Leute gleichbedeutend mit Betrug und Räuberei ist. Kein Jude mit etwas Selbstachtung wird das Haus eines solchen Spitzbuben betreten oder sich mit ihm, dem römischen Kollaborateur an einen Tisch setzen. Sie sind geächtet. Zachäus als Oberzöllner ist einer dieser römischen Handlanger.

Kleingewachsen ist er. Vielleicht ist es mit ihm wie nicht selten im Leben: Haben kleingewachsene Menschen erst einmal etwas zu sagen, ist oft mit ihnen nicht gut Kirschen essen. Warum also sollen seine Landsleute auch nur einen Zentimeter zur Seite rücken, als sie wie eine Mauer am Straßenrand stehen, um Jesus zu sehen, der, an der Zollstation vorbeikommend, die Stadt betreten wird. Soll der kleingebliebene Zachäus mit seinem hageren Gesicht und schwarzem Spitzbart doch sehen, wo er bleibt. Doch der will auch diesen Rabbi Jesus aus Nazareth sehen. Weil ihm die Sicht versperrt ist und er keinem über die Schulter blicken kann, klettert er schließlich in einen Maulbeerfeigenbaum. Wahrscheinlich wünschen ihm viele, daß er sich beim Sturz vom Maulbeerbaum den Hals bricht oder wenigstens die Kleider zerreißt. Während sonst der Mann von kleiner Gestalt großmäulig daherkommt, verhält er sich jetzt eher wie ein Kind. Er läuft voraus und klettert hoch in den Baum.

Um Jesus zu sehen, setzt sich Zachäus der Gefahr öffentlicher Blamage aus. Aber die Neugier ist größer als die Furcht, sich zu blamieren. Und dann kommt Jesus. Er entdeckt ihn in seinem Versteck zwischen Blättern und Zweigen. Der Mann aus Nazareth ruft ihn aus seiner Distanz heraus. Der, der nur beobachten will, wird angesprochen. Und zwar mit Namen: „Zachäus, steig schnell herab, heute muß ich Gast sein in Deinem Haus".

Es ist unglaublich, was Jesus tut. So etwas gehört sich nicht. Das Murren der Menge und der Ärger darüber, daß Jesus ausgerechnet bei dem zu Gast sein will, der es überhaupt nicht verdient hat, ist verständlich. Den Zachäus läßt man nicht einmal in die Synagoge. Ein Skandal, daß dieser Rabbi Jesus sich mit ihm an einen Tisch setzen will und auch noch feiern! Werden da nicht Wertmaßstäbe auf den Kopf gestellt? Weil dem eigenen Rechtsanspruch kein Genüge geschieht, liegt in der Unzufriedenheit mit Jesus auch eine gehörige Portion Kritik.

Der Zwischenfall von Jericho wird aber zur befreienden Begegnung zwischen Jesus und Zachäus. Ihm, der es eigentlich nicht verdient, widerfährt das Angebot heilender Nähe. Einem Schuldigen wird neues Leben eröffnet. Das tiefe Geheimnis dieser merkwürdigen Begegnung liegt darin, daß Jesus dem Zachäus etwas zutraut, was andere ihm nicht mehr zutrauen wollen und können. Den befreienden Neuanfang. Die Vergangenheit wird nicht einfach erledigt, sondern angenommen in ihren Möglichkeiten: „Sieh, Herr, die Hälfte von meinem Vermögen will ich den Armen geben; und von wem ich etwas erpresst habe, dem will ich es in vierfacher Höhe ersetzen". Zachäus verkörpert den Menschen, der sich nicht scheute, sich dem Blick Jesu auszusetzen. Vielleicht anfangs nur aus Neugier. Aber er gab dem Blick Jesu eine Chance. Nur so wurde ihm das Glück zuteil, ihm wirklich zu begegnen. Sein Leben nimmt die unerwartete Wende. Durch den Zwischenfall in Jericho kommt jener, der als Mensch in mancherlei Hinsicht klein geraten ist, dennoch nicht zu kurz.

Lesehinweis: Den Bericht über die befreiende Begegnung am Stadttor von Jericho lesen Sie im Lukas-Evangelium 19,1–10.

Weiterführende und ergänzende Literatur

Gerhard Dane / Erich Läufer, Wo Jesus lebte, München 2007

Ferdinand Dexinger / Jos Rosenthal, Als die Heiden Christen wurden, Kevelaer 2001

Winfried Elliger, Paulus in Griechenland, Stuttgart 1987

Gustav Faber, Auf den Spuren des Paulus, München 1989

Wolfgang Feneberg, Paulus der Weltbürger, München 1992

Joachim Gnilka, Paulus von Tarsus, Freiburg 1997

Klaus Haacker, Wege des Wortes. Apostelgeschichte, Stuttgart 1984

Michael Hesemann, Paulus von Tarsus. Archäologen auf den Spuren des Völkerapostels, Augsburg 2008

Josef Holzner, Paulus, Freiburg 1937

Judäa und Jerusalem. Leben in römischer Zeit, Stuttgart 2010

Erich Läufer, Spurensuche im Lande Jesu, Moers 1986

Avraham Negev, Archäologisches Bibellexikon, Neuhausen – Stuttgart 1991

Frédéric Pichon, Reise zu den Christen des Orients, Augsburg 2009

Paul Roth, In jener Zeit. Alltag im Lande Jesu, Wien 1996

Herbert A. Seaby, Greek Coins and their Values, London 1966

David R. Sear, Roman Coins and their Values, London 1970

Carsten Peter Thiede, Die Messias-Sucher, Stuttgart 2002

Carsten Peter Thiede, Paulus. Schwert des Glaubens – Märtyrer Christi, Augsburg 2004

Carsten Peter Thiede, Der Petrus-Report, Augsburg 2002

Géza Vermès, Anno Domini. Ein Who's Who zu Jesu Zeiten, Bergisch-Gladbach 2008

Zeit Räume. Milet in Kaiserzeit und Spätantike, Regensburg 2009